한국 종교가 창피하다

한국 종교가 창피하다

한국 종교가 창피하다

김용민 지음

내가
교회를 척결대상으로 삼았다고?

지난 총선
그들은 내가 이런 발언을 했다며 누명을 씌웠다.
논객이 아닌
공직선거 출마자로서의
나의 방어는 수단으로나 내용으로나 지극히 제한됐다.
그렇게 해서 나는 주저앉고 말았다.
그들은 킬킬대고 웃었다.

그간
나의 가족과
나를 믿고 지지해줬던 지인들이 겪은 고통은
이루 말할 수 없다.

나는 상식과 합법 선에서
반격하기로 마음먹었다.
그래서 탈당했고 정치를 그만뒀다.

그들은 슬피 우며
이를 갈 것이다.
이것은 시작이다.

—

일러두기

- 1장에 나오는 내용은 2013년 4~5월까지 방송된 국민TV 라디오 최초 막장드라마 〈나비효과〉 대본을 소설 형식으로 수정보완하였습니다.
- 차례와 본문 제목에 인용된 성경 말씀은 『공동번역성서 개정판』을 따랐습니다.
- 저자가 자주 쓰는 입말의 생동감과 전달력을 살리고자 본문 중에 쓰인 몇몇 표현에서는 맞춤법을 따르지 않고 저자의 개성을 살린 부분이 있습니다.

머리말

한국 종교를 더이상 창피해하고 싶지만은 않다

이 책 1장에 나오는 내용은 내가 몸담고 있는 국민TV 라디오의 개국 한 달 동안 오전 11시 45분, 인터넷망을 통해 전 세계에 방송된 라디오 최초 막장드라마 〈나비효과〉의 대본을 소설화한 것이다. 이 드라마는 방송이 나오던 2013년 4월 한 달 동안 팟캐스트 종합 순위 1위에 랭크되며 화제를 모았다.

놀라운 일이 있었다. 지난 총선과 대선, 김용민이 하지 않은 발언을 조작하고는 이를 비방의 소재로 삼던 보수 개신교계가 입을 싹 닫았다는 점이다. 그 흔한 논평, 신문 비난 보도 한 줄 안 나왔다. 이 극화의 내용이 사실과 무관하다는 점을 여러 차례 천명한 때문일까. 아닐 것이다. 허구의 내용으로 구성된 영화 〈다빈치 코드〉가 상영될 무렵 기를 쓰고 반대하던 저들이다. (당시 이를 반대하던 한기총 실무 위원장이 현 대표회장 홍재철 목사다.) 따라서 이번엔 한국 개신교회를 보다 직설적으로 모독한 셈이니 도리어 더 강력한, 또 조직적인 분개로 대응해야 마땅하다. 청취를 안 해서는 아닐까. 아니다. 교계 사정을 바닥까지 아는 기자들은 "알 만한 목사들은 다 듣고 있다"고 전언한 바 있다.

내 짐작은 이러하다. 아마도 화제가 되는 것을 바라지 않았을 것이라는. 행여 한마디라도 반응한다면 한국 개신교계에 대한 부정적 정서를 자극해 도리어 '노이즈 마케팅'을 해줄 공산이 있다고 판단했을 것이다. 한발 더 나가 가늠하자면, 근원적으로 일부 목사들의 성추행이 온존하고 있는 현실에서 반발했을 때는 '손바닥으로 하늘을 가린다'는 역풍을 자아낼까 봐 노심초사했거나 말이다. 이런 분석에는 그 기자들도 동조한다. 이렇듯 껍데기만 남은 명예임에도 혈안이 돼 그것을 지키기에 급급한 보수 개신교계의 사정을 보면, 그래도 이자들이 염치라는 게 있긴 있나보다 생각을 해본다.

기실 기독교가 맛 가기 시작한 배경을 나는 크게 세 가지 사건에서 찾는다. 우선 390년 테오도시우스 1세 황제가 국교로 공인하면서부터다. 예루살렘 아닌 갈릴리라는 변방에서 사사건건 당대 종교 기득권세력과 맞서며 하나님 나라를 선포한 청년 예수가, 기막히게도 대로마제국의 국교 교주가 돼 그 자체로 권력이자 기득권이 된 것이다. 이런 대반전을 몰지각한 일부 기독교인들은 하나님의 은혜요, 축복으로 평가한다. 과연 그런가.

신학자이자 철학자인 아우구스티누스가 '정의로운 전쟁'이 있다고 주장한 데서도 있다. 이후 벌어진 전쟁의 한쪽 당사자, 심지어 양쪽 당사자 모두가 기독교인 경우가 전체 90%에 이른다는 비공식 통계도 있다. 평화의 왕으로 온 예수가 전쟁의 발화점으로 전락하는 참담함이 그렇다.

또 하나는 종교개혁자로 불리는 칼빈이 예정론을 구실로 부자가 되는 것이 하나님의 뜻에 합치된다는 주장을 펼친 데 있었다. '청빈' '겸손' '성실' 등의 전제도 있었으나 어디까지나 이는 미사여구이며, 부와 자본에 대한 무비판적 수긍을 부른 억지라 말하지 않을 수 없다. 이 세 가지의 공통점은 예수와 성서의 원리에서 크게 이탈했다는 점이다. 또한 오늘날 욕 좀 먹는다는 목사는 세 유형의 틸선에서 권위와 존재가치를 찾고 있다.

이야기가 거창해졌다. 나는 이 책에 아우라 있는 인문학적 담론을 담을 생각이 없다. 다만 하나님의 자리에 오른 목사를 인간 본래 자리에 앉히고 싶은 마음뿐이다. 모든 인간은 죄인이다.

그런 의미에서 목사는 설교하는 죄인이다. 이 정체성을 겸허히 인정하는 순간, 개신교의 부패와 비리는 최소화될 수 있다고 본다.

이 책을 갈음하며 세 가지 언급을 하고자 한다.

우선은 제안이다. 이 책이 대중에게 배포되는 것을 바라지 않는 개인이나 단체는 출판사로 연락하라. 전권 단독 구매가 가능하다. 분기별로 3만 권 씩 출판하려 하는데, 그때마다 연락하라. 포장도 안 뜯은 채로 보내드리겠다. 여기에는 저자 증정본도 포함된다. 단 한 권도 남기지 않고 넘길 마음이 있다.

또 하나는 감사다. 내가 수구 부패 기독교계와 악연을 맺은 데에는 아버지인 김태복 목사의 책임이 크다. 그는 강단의 발언과 실생활이 일치됐던 분으로, 세상 모든 목사가 자신 같은 줄 알게 만든 분이다. 지난 총선 때 아버지는 졸지에 나로 인해 '패륜아 키운 애비'가 됐다. 그러나 아버지는 내 나이 스물 될 때까지 집 학교 교회밖에 모르게 했으며, 주일성수, 봉헌, 전도, 성서 읽기, 기도, 예배 등을 충실히 훈련시켰고, 음주 흡연 등 법도를 넘는 행동은 불필요하게 만들었던 가정교육의 왕이었다. 자유를 넘어 방종에 가까운 사고와 언행을 하게 된 데에는 아버지의 책임이 전무하고 나와 직업적으로 관계했던 수구 기득권 종교 지도자들 탓이 크다. 그들이 본질적으로 개새끼다. 아버지께 이 책으로 또 한 번 누를 끼치게 돼 죄송하지만 어쩔 수 없다. 아버지의 인생과 내 인생은 다르니. 오래 사실 수 있도록 욕 좀 더 드셔야 될 것 같다. 아울러 드라마 연기로 빛내준 Voice by MBtious의 성우들에게 깊은 경의와 사랑을 표한다.

마지막은 첨언이다. 이 책의 파급력을 걱정할 수 있을 특정 개인이나 단체가 있을까. 아마도 프리드리히 니체가 말한 "예수교는 노예근성의 소유자들, 나약한 자들, 그리고 무능한 자들에게만 적합할 뿐이다"라는 말을 실증(實證)하는 자들이리라. 그들에게 쏜다. 지옥에나 가라, 이 나쁜 놈들아.

2013년 6월

막말 김용민

차례

Part 2 육봉기의 승승장구… 그것을 알려주마

Part 3 육봉기 vs 김용민 가상 대화

Part 1

막장 같은 현실,

현실 같은 막장

엘리의 아들들은 망나니들로서
야훼를 몰라보고
사람을 대하는 사제의 규정도
무시하였다.

사무엘상 2:12~13

#1

이런 젠장. 감옥의 하루는 더럽게 길다.

나는 지루하고 지루하게 보잘것없는 감옥의 시멘트 벽면과 쇠창살 너머 성질날 정도로 화창한 하늘을 바라본다. 여기는 아무리 봐도 내가 있기에 어울리는 장소가 아니다. 물론 나는 이 교도소에서 가장 좋은 특실을 쓰고 있지만 교도소의 특실이라 해봐야 감옥밖에 더 되겠는가.

누군가는 감옥을 성찰의 장소라 말한다. 6년의 옥살이와 55차례의 연금으로 갇혀 살았던 고 김대중 전 대통령을 떠올리는 이도 많을 것이다. 그는 거기서 영어를 통달했고 아울러 전 세계 주요 고전 등 인문학 서적을 섭렵했다. PC전원 한 번 켜본 일이 있었겠냐만, 그는 인터넷 문명이 부를 급격한 사회 환경 변화에 눈을 떴고, 대통령이 되고 난 뒤, 외환위기 여진 와중에도 어마어마한 투자로 한국을 IT 선진국으로 만들었다. 20년의 수감생활을 통해 『감옥으로부터의 사색』이라는 대작을 쓴 신영복 선생이나, 27년 동안 옥에 갇혔던 넬슨 만델라 전 남아프리카공화국 대통령도 장기간 수감이 스펙이 됐던 인물이다. 고 문

익환 목사는 또 어떤가. '신랑이 신부의 방을 찾듯이 감옥에 가라'는 말을 방에 붙였듯 생의 후반부 17년 중 12년을 감옥에서 보내도 조금도 비굴하지 않았다. 그러나 본질적으로 나는 이들이 아니다.

감옥에 없는 건 너무나 많지만 웬만한 건 다 참을 수 있다. 딱 한 가지, 내 묵직한 아랫도리의 볼일을 해결해줄 수 있는 여자가 없다는 사실이 내 심신을 피로하게 한다. 딸딸이도 하루 이틀이다. 교도소의 반인권적 처우에 대해 나는 하나님 앞에서도 이야기할 수 있다. 사람을 보고 짐승처럼 되지 말라 하는데 최소한 짐승의 대우를 해줘야 그 다음 인간으로 갈지 짐승으로 갈지 선택할 수 있는 거 아니겠는가. 단언하건대 성욕의 충족은 인간과 짐승의 구분을 떠나 움직이는 몸뚱어리를 가진 것의 가장 기본 권리요, 의무다. 이것은 내 아버지 육봉기 목사님이 누구보다 동의해줄 것이다.

육봉기 목사. 나를 낳고 키우고 감옥에까지 넣어주신 고마운 아버지. 아마 우리나라에는 그의 이름을 모르는 사람보다 아는 사람이 많을 것이다. 나는 우리 아버지보다 인기 있는 어떤 정치인이나 연예인도 만나본 적이 없다. 인기 아이돌 그룹 콘서트에서 소녀팬들이 내지르는 함성? 전당대회에서 똑같은 띠를 두른 당원들이 열렬히 외치는 충성의 만세? 수천수만 명이 예사로 보이는 국내 초대형 교회의 담임목사인 아버지가 예배를 할 때 벌어지는 풍경에 비하면 아무것도 아니다. 아버지가 예배를 보다 똥을 누거나 칼부림을 해도 신도들은 교회 안에서 벌어지는 '거룩한 풍경'을 소리 높여 찬양할 것이다. 그렇다. 적어도 교회 안에서 아버지는 신이다.

이토록 존경받고 추앙받는 육봉기 목사의 아들 육재준이 나라는 것을 밝힐 때마다 사람들이 보이는 반응은 한결같다. 도무지 세계적으로 존경받는 목사의 아들로 보이지 않는 나의 행색에 나름의 의문을 제시해보는 것이다. 나와 하룻밤을 보낸 젊은 여자들은 목사 아들이 가진 왕성한 성욕에 흥미로워하기도 했지만, 대부분의 사람들은 존경받는 목사의 아들이 난봉꾼이라는 불편한 진실에 헛기침을 하며 못볼 것을 본 마냥 헛기침을 해대곤 한다. 그러나 아버지는 나에게 고마워해야 한다. 아버지가 어떤 사람인지 세상에 밝혀질 때 나를 알던 사람들은 이렇게 말하고 무릎을 치며 아버지를 이해할지도 모르기 때문이다. '아,

그 새끼에 그 애비네!'

우리나라에서 아들이 떠올리는 아버지에 관한 추억이란 게, 보통 무뚝뚝한 아버지에게서 발견하지 못했던 묵묵한 아들에 대한 사랑… 뭐 이런 게 정상이지 않나 싶다. 그리고 눈물 한 방울이 똑 떨어져야 흐뭇한 그림이 나오기 마련이다. 그러나 나는 아버지를 떠올리면 오뉴월의 미친놈처럼 피식피식 웃음이 나오니 참 큰일이다. 어쨌든 오늘 나를 면회 온 어머니가 해준 말에 따르면 내가 가진 아버지에 대한 기억이 나를 감옥에서 나가게 해줄 수도 있다고 한다.

예를 들면 그가 교회에서 얼마나 많은 돈을 어떻게 빼돌렸는지, 혹은 어떤 여자를 어떻게 따먹고 버렸는지 등에 관한 기억들 말이다. 불효가 나를 자유롭게 한다니, 나는 난처한 상황에 처한 것 같다. 그러나 아버지 본인이야말로 세상의 윤리로부터 초연한 분이니 이런 나를 결국 이해해주시리라 믿는다.

이제까지 공개되지는 않았지만 아버지를 주인공으로 만들어진 책이 3~4권은 된다. 그중에 위대한 영적 지도자 육봉기 목사에 관한 책은 없다. 아버지의 사생활은 많은 사람들에게 창작열을 북돋아준다. 나 역시도 책과 별로 인연이 없는 삶을 살았지만, 아버지의 삶을 마주 대함에 있어 갑자기 주체할 수 없는 글빨이 쏟아지는 기분이다. 아버지에 관한 책 중 몇 권을 읽어봤는데 다들 열심히 쓰긴 했지만 아무래도 아버지 삶의 일부밖에 담아내지 못한 아쉬움이 있었다.

아버지의 삶을 일생 동안 지켜봐왔던 나야말로 아버지 자서전 집필의 적임자가 아니겠는가. 아버지가 거쳐 간 여자를 하나하나 헤아리는 일은 예수가 행한 기적을 일목요연하게 정리하는 것만큼이나 방대한 작업이긴 하나 기승전결은 대략 비슷한 관계로 굵직굵직한 몇 가지면 충분할 거라 생각한다.

아버지, 미안해요. 당신을 너무 닮아서.

이웃집 아내와 간통한 사람이 있으면,

그 간통한 남자와 여자는

반드시 함께 사형을 당해야 한다.

누가 자기 아비의 부인과 한자리에 들고

그 부끄러운 곳을 벗겼으면,

그 두 사람은 반드시 사형을 당해야 한다.

그들은 피를 흘리고 죽어야 마땅하다.

레위기 20:10~11

#2

에메랄드가 청순, 다이아몬드가 영원을 의미한다면 루비는 정열을 상징한다. 원래 루비는 사파이어와 색상만 다르고 결정체의 특성은 같은 사촌지간이다. 옛날 사람들은 루비를 사람의 운명을 일러주는 시금석처럼 여겼다. 헨리 8세의 첫 왕비는 가지고 있던 루비의 색이 어두워지자 자신에게 곧 죽음이 닥칠 거라고 예언했다. 그리고 정말 죽음을 맞았다. 구약성서에 신이 천지만물을 창조했을 때 만든 12개의 보석 중 홍보석, 즉 루비에게 높은 지위를 부여했다는 기록도 있어 '하나님의 보석'으로 불린다.

루비에 대한 나의 환심은 이런 전설을 알면서부터다. 나름 나도 루비 전문가다. 그런데 얼마 전에 나를 면회 온 오성자 집사의 루비 반지를 보다가 이내 입에서 터져 나오는 낮은 비웃음을 주체하지 못했다.

'아버지 참, 촌스러우셔. 연애 스타일이 그게 뭐야. 지나치게 노골적이고 뻔뻔하잖아. 그냥 에둘러 가면 별일 없을 일도 아버지

는 정면으로 들이박아 항상 일을 크게 만들고 꼬투리를 잡히시
니 말이야.'

세상에 자신의 부유함을 증명할 수 있는 값비싼 장신구는 무수
히 많다. 굳이 외도하는 여자의 환심을 사기 위해 자신의 아내
에게 사준 것과 똑같은 반지를 살 필요는 없다는 뜻이다. 물론
덕분에 오성자의 손가락을 보는 순간, 그녀와 아버지의 끈끈한
관계를 단번에 알게 됐지만 말이다. 그녀는 나를 처음 봤을 때
'아버지에게 내 이름을 말해보면 재미있을 거다'라며 신비감을
조성하려고 노력했지만, 나도 '선수'였다.

마흔 살은 넘지 않았을 걸로 보이는 오성자는 미인이었다. 얼핏
어머니를 닮았다는 생각도 들었다. 처음에는 초면인 그녀가 왜
나를 면회왔는지 알 수가 없었다.

"요새 아버지 본 지 오래됐쇼?"
"네. 그런데 누구신지?"
"아버님 교회의 오성자 집사예요. 오.성.자."
"아버지가 보내서 오신 건가요?"

"아니에요. 보아하니 챙기는 사람도 없는 것 같고. 이모가 말동무해주러 왔다고 생각해요."

오성자와 아버지는 10여 년 전에 교회를 통해 만났다. 당시 그녀의 남편은 간암 말기로 병원에서도 포기하고 죽음을 기다리는 상황이었다. 심방을 나간 아버지는 (그녀의 표현에 따르면) 한눈에 오성자에게 반했고, 이어 그녀에게 남편이 있다는 사실을 알고 알 수 없는 오묘한 표정을 지었다고 한다. 오성자는 남편을 살려달라고 아버지에게 애걸복걸했다. 아버지는 병자를 보겠다며 오성자의 집을 찾아갔다.

많은 사람들이 오해하는데 아버지에게는 죽을 사람을 살리는 능력까지는 없다. 하지만 아버지는 남편을 수차례 때리듯 안수하며 '물러가라'고 했다고 한다. 오성자는 남편의 몸에 깃든 병균이 물러가라고 한 줄 알고 있었다. 병자의 몸을 격렬히 때리고 맹렬히 기도하며 땀을 비오듯 흘렸는데 이때만 해도 '목자'로서 진정성이 느껴졌다는 것이다. 비웃음은 또 터져나왔다.

아버지가 무슨 기도를 한 건지 오성자의 남편은 예정보다 더 빨리 사망했다. 아버지는 장례식장을 찾아와 울고 있는 오성자에게 이렇게 말했다고 한다.

"집사님, 울음 그치세요. 생과 사는 다 하나님의 뜻입니다. 남편은 하늘나라로 갔습니다. 이렇게 땅에 매여서 울고불고 하면 하나님이 기뻐하지 않으십니다. 울음을 그치고 기뻐하세요. 남편이 천국에 가지 않았습니까."
"기뻐하다뇨. 남편이 제 명에 못 갔는데…."
"웃어요. 웃어야 남편이 천국 갑니다. 목사의 말을 들어야 복이 있습니다. 웃어요. 따라 해봐요. 하하하."
"네?"
"사탄 마귀는 우는 소리를 좋아합니다. 웃어요. 하하하."
"하…하하하…하하…."

앞서 말한 대로 육봉기 목사에게 윤리와 도덕은 별로 중요하지 않다. 나는 그래도 아버지가 정말 자신을 신으로 생각하고 있지 않나 진지하게 의심하곤 했다.

남편도 죽었겠다, 이후의 일은 일사천리로 진행되었다. 아버지는 능숙하게 일을 처리했던 것 같다. 육봉기 목사는 수행원도 없이 심방을 갔다. 집에 들어가서 하면 되는 걸 굳이 집사를 차에 태운다. 영문도 모르고 탔다고 하겠지만 어느 정도는 마음에 짐작을 하고 있을 집사와 목사는 서로가 무안하지 않도록 적절한 대화를 나눈다. 은혜로운 곳에 도착하여 담담히 묻는 질문.

"목사님, 여기는 모텔인데요."
"목사가 성도를 만나는데 꼭 집에서 만날 이유가 없다고 했습니다. 이곳에서 우리 같이 예배드립시다."
"목사님, 다른 곳도 아닌 이런 외진 여관에서 왜?"
"제가 유명하다 보니까 교회에서도 단 둘이 예배드리면 소문이 납니다. 여기서 해야 소문도 안 납니다."
"그냥 예배만 드리는 거지요?"
"의심도 마귀의 역사입니다. 오 집사님, 제가 먼저 들어가서 문자를 보낼 테니, 5분 뒤 따라 들어오세요."

5분 뒤 오성자가 모텔방에 들어서자 아버지는 오성자에게 아가서를 읽게 했다. 5장 3절 '내가 옷을 벗었으니 어찌 다시 입겠으며 내가 발을 씻었으니 어찌 다시 더럽히랴마는'이라는 구절에 이르러서 아버지는 갑자기 총이라도 맞은 듯 드러누웠다. 그러더니 '나의 사랑하는 자여. 너는 나와 함께 지내자. 이게 하나님의 뜻이다. 목사를 거역하면 성령이 슬퍼하신다'라고 하며 뜨거운 예배를 시작했다는 이야기다.

막장드라마를 즐겨 보는 사람은 안다. 이쯤에서 누가 등장하는가. 바로 조강지처. 미국에서 난봉꾼 남편의 일거수일투족을 지켜보고 있던 내 어머니 황옥림 여사는 아버지와 오성자가 1년 정도 관계를 지속할 즈음 남편이 보낸 수상쩍은 편지를 읽게 된다. 나중에 아버지에게 들은 이야기지만 아버지는 미국에 있는 어머니가 귀국할 때가 되자 불륜이 들통날 것이 두려워 '검찰 조사를 받고 있으니 입국을 미뤄라'는 요지의 편지를 보낸 것이다. 아버지가 어머니를 얼마나 무시하고 모르는가 하면, 이런 뻔한 편지에 속아 넘어가 '어쩌나 우리 남편' 하면서 미국에 가만히 있을 여자로 생각하고 있었다.

어머니는 편지를 받자마자 낌새를 눈치채 귀국했고 정보망을 동원해 집회를 마친 육봉기 목사가 웬 젊은 집사를 차에 태우고 도시 외곽으로 빠져나가고 있음을 파악했다. 그리고 차를 과속으로 몰아 불륜의 자동차를 급습했다. 경기도 안양의 한 도로에서 남편의 차를 들이받을 듯이 가로막은 아내의 등장에 아버지는 몹시 놀랐을 것이다.

"저년은 누구야?"

어머니는 화가 났을 때 누구보다 큰 목소리를 낼 수 있는 분이다.

"여보, 저분은 우리 교회 식당 봉사 집사인데, 내 집회에 왔다고 하네. 집이 같은 방향이라고 해서. 당신, 오해하는 거예요? 아니에요. 어디 이렇게 생긴 여자하고 내가…."
"식당 봉사 집사가 루비 반지를 끼나? 그것도 내가 낀 것과 같은 걸로?"
"어, 정말 루비 반지 똑같네. 하하하. 어떻게 이렇게 우연의 일치가 있을 수 있지?"
"저년과의 관계를 말해! 어서!"
"여보, 나는 모릅니다. 저 여자, 오늘 처음 봤습니다."
"그걸 나보고 믿으라고?"
"여보, 집에 가서 이야기합시다. 제발! 사람들이 봐요."

오성자는 기가 막혔다.

> "목사님, 저 처음 보셨나요? 처음 보신 건, 제 남편이 죽기 1년 전이었잖아요. 그리고 매일같이 저를 보셨잖아요."
> "너, 무식하게 생긴 년, 어디서 거짓말이야? 왜 내 차에 타서 집사람 오해하게 해?"
> "네, 저 무식한 년이에요. 그래도 목사님 엉덩이에 있는 큰 점, 등 뒤에 V자 모양의 화상자국은 알고 있어요. 황옥림 사모님, 이년 저년 하지 마세요! 내가 입 열면 당신 남편은 물론 당신도 끝장나! 이거 몰라?"

굉장한 대결이 있었고, 그 광경을 지켜본 많은 사람들의 입과 입을 통해 그날의 길거리 토크 배틀은 전설처럼 전해내려 온다고 한다. 아버지는 그 후로 안양을 지나쳐서라도 가지 않는다.

아버지와의 러브스토리를 장황히 털어놓은 오성자 집사는 아버지가 평소에 내 걱정을 많이 한다는 터무니없는 소리를 끝으로 떠났다. 루비 반지를 포함해 육봉기 목사의 품위를 손상시키지 않는 선에게 충분한 보상을 받은 그녀가 굳이 나를 찾아온 이유는 무엇이었을까. 거기에 아들 면회도 좀 다니면서 챙기라며 아버지에게 한소리까지 했다니, 참 별일이다. 아마 오성자는 나와 아버지가 생각했던 것보다 훨씬 더 아버지를 사랑했는지도 모른다. 그게 중요한 건 아니지만.

나는 너희의 재판관으로 나타나
점쟁이와 간음하는 자와
거짓 맹세하는 자,
하늘 두려운 생각 없어
날품팔이, 과부, 고아, 뜨내기의
인권을 짓밟는 자들의 죄를
당장에 밝히리라.
만군의 야훼가 말한다.

말라기 3:5

#3

1970년대 서울 등 대도시의 중산층 가정에는 대부분 '식모'가 있었다. 농어촌에서 일자리를 찾아 올라온 젊은 여성들이었다. 아이들은 '언니'나 '누나'라 불렀고, 집주인은 나이가 차면 혼인을 주선하기도 했다. 세월이 흐르며 이들의 명칭은 '가정부'로 바뀌었다. 산업화의 진전으로 일자리가 늘어나자 시간제로 일하는 '파출부'가 등장했다. 지금은 '가사도우미' 또는 '가사관리사'로 불린다. 뭐 어쨌건.

내가 십 대였을 때는 아버지도 젊었을 것이고 그 당시 아버지는 어쩌면 지금보다는 한 명의 신앙심 깊은 목사로서 종교인다운 삶을 살았을지도 모른다…는 개뿔. 내가 열여섯 살 때 내 진짜 첫사랑이었다고 할 수 있는 가정부 누나를 떠올리면 젊은 아버지가 어떤 사람이었는지 대략 짐작이 간다.

우리 집은 내가 어렸을 때부터 부자였고 아버지와 어머니 모두 교회 일로 집을 비우는 적이 많아 항상 가정부를 썼다. 집이 커서 방 두세 개는 운전기사나 가정부에게 주어 아예 먹고 자며 집안일을 하도록 했다. 무엇이 마음에 안 들었는지 어머니가 그럭저럭 살림을 잘하던 예전 가정부를 내쫓고 새로운 가정부를 데려왔다. 앳된 얼굴이었지만 미인은 아니었다.

충청도 사투리를 쓰는 새로운 가정부가 촌스러워 나는 영 마음에 들지 않았다. 그녀의 이름은 신수양이었다. 어지간하면 내 편을 들어주던 아버지는 내 앞에서 유독 신수양을 챙겨주는 듯 보였다.

"야, 촌년! 아버지 옷 받아드려야지 뭐해?"
"재준아. 그게 무슨 말버릇이냐? 수양이 너 몇 살이니?"
"열여덟 살이에유."
"그러면 재준이 너보다 두 살 누나잖아. 앞으로 누나라고 불러! 알겠냐?"

마지못해 아버지 앞에서는 신수양을 누나로 부르게 됐지만 그녀는 나에게 어디까지나 '촌년'이었다. 고급스러운 우리집에 저런 촌스러운 여자라니! 나는 어떻게 해서든 그녀를 괴롭힐 궁리만 했다. 열여섯 살이면 요새 말하는 '중2병'이 덜 나았을 나이로, 갖은 허세와 오만으로 세상을 화장실 깔개만도 못하게 보기 쉬운 나이다. 게다가 잘나가는 목사 집 아들로 남부러울 것 없이 자란 나는 신수양을 보기만 하면 딱총으로 머리를 맞추거나 촌년이라고 욕을 하며 그녀를 함부로 대했다.

당시 나는 어린 나이였지만 신실한 목자의 삶이 실제로는 지극히 세속적이라는 점을 어렴풋이 알고 있었다. 세상의 모든 것은 추악하다고 생각했고, 나는 집과 학교에서 순수해 보이는 것을 능력이 허락하는 한 때리고 부수고 짓밟아 악마 같은 무언가를 끄집어내 세상에서 우리집만 추악하지 않다는 사실을 확인하며 안도하곤 했다.

그런데 신수양은 내가 끈질기게 두드려도 내가 기대하는 악마가 튀어나오지 않았다. 내가 욕을 해도 '도련님, 도련님' 하면서 배시시 웃거나 정 심하면 화장실로 도망가버렸다. 한 번도 화를 내지 않고 묵묵히 집안일을 하는 그녀의 모습을 보면서 나는 조금씩 추악하지 않는 존재에 관한 믿음이 생기기 시작했다. 세상 모든 것이 더럽혀졌어도 신수양만큼은 깨끗한 것이라는 믿음. 그리고 그 믿음은 곧 신수양에 대한 애정으로 번졌다. 아마

나는 그녀를 좋아했던 것 같다. 촌년을 좋아하는 내 마음이 더 발전하기 전에 그녀 역시 추악하다는 사실을 발견하고 싶었고, 나는 신수양을 볼 때마다 심하게 괴롭혔다.

그러던 어느 날 사건이 터졌다. 나는 자고 있는 신수양의 얼굴을 정통으로 겨냥해 딱총을 쐈고 놀라서 깨어난 신수양이 결국 울음을 터트린 것이다.

"촌년이 울 줄도 아네? 울음 안 그쳐? 안 그러면 또 쏜다? 엉?"

신수양이 울음을 그치지 않자 또 한 번 딱총을 당기려던 차, 갑자기 현관문이 열리고 예고도 없이 아버지가 들이닥쳤다. 딱총을 당겨 신수양을 겨냥하는 나와 얼굴에 눈물 자국이 가득한 신수양을 보고 아버지는 버럭 화를 냈다.

"너 지금 뭐하는 거야?"
"아… 아버지…."
"버르장머리 없는 자식, 너 가정부라고 누나를 무시하는 거야? 너 어디 가서 목사 아들이라고 하기가 부끄럽다. 얘, 수양아. 몽둥이 어디 있냐? 오늘 그냥 요절을 내든지 해야지."

정말로 화가 난 아버지는 몽둥이를 찾아들고 나를 때릴 기세였다. 신수양은 나를 감싸며 아버지에게 빌었다.

"아니에요. 목사님, 그러지 마세요. 제가 잘못한 거예유."
"너 이 자식, 빨리 안 대?"
"도련님! 빨리 피하세유!"

나는 아버지를 피해 집을 뛰쳐나왔다. 그리고 한없이 동네를 빙빙 돌았다. 서러운 마음에 눈물도 찔끔 나왔다. 집안에서 벌어지는 대소사에 대체로 무심했던 아버지가 저렇게까지 화를 내는 걸 본 적이 없었다. 도대체 저 촌년을 아버지는 왜 그리 감싸고 도는 걸까. 그것보다 아버지의 몽둥이를 막아선 신수양은 정말 마음이 선한 여자일까. 온갖 복잡한 생각과 감정들이 나를 혼란스럽게 했다. 그리고 동네를 다섯 바퀴쯤 돌았을 때, 이제부터는 신수양에게 딱총을 쏘지 말아야겠다는 결심을 했다.

집에 돌아갔을 때 아버지는 곯아떨어져 있었고 내가 들어오는 것을 보자 신수양은 나를 피해 화장실로 들어가버렸다. 나를 피하는 걸 보자 섭섭한 마음에 다시 화가 난 나는 화장실 문을 뻥뻥 차며 밥을 차려달라고 했다. 신수양은 '도련님, 왜 그러세유'라는 말도 하지 않고 아무 말 없이 밥상을 차리고는 자기 방으로 들어가버렸다. 나는 신수양을 쫓아가 방문 틈으로 한마디 했다.

"야, 촌년아, 너 진짜 재수다. 알아? 듣고 있냐? 촌년아?"

신수양은 아무 대답도 하지 않았다.

이후로 몇 달이 지나갔다. 이야기의 흐름이 버르장머리 없는 목사 아들과 가진 건 없지만 순박한 가정부 사이에 있었던 아름다운 추억으로 흘러갈 법도 하지만 결말은 엉뚱하다. 어느 날의 식사 시간이었다. 모처럼 아버지와 어머니가 집에 같이 있던 날이었다.

"얘, 수양아. 목사님 요새 입맛 없으시다니까 저녁에 돼지

수육 좀 해라."
"네, 사모님… 욱!"
"아니, 너 왜 그래?"
"아니에유, 사모님. 저녁에 해놓을게요. 장 봐서 수육을…
욱…!"

신수양이 헛구역질을 했다.

"애… 애 좀 봐. 수양이 너 이리 와봐."
"사모님, 저녁 준비하러 갈게유."

눈치 백단의 어머니가 이걸 놓칠 리 없었다.

"너 임신했지? 빨리 말해, 어서!"

신수양은 어머니의 다그침에도 금방 대답을 하지 못했다.

"너, 바른말 안 할 거면 짐 싸서 나가!"

한참을 망설이던 신수양이 어렵게 입을 열었다.

“사모님, 그것만은… 바른대로 말할게유. 맞아유. 임신했어
유.”
“누구 애야? 아버지가 누구냐고!”

신수양은 대답하지 못하고 벌벌 떨기만 했다. 신수양은 지방에
서 상경해 서울에 딱히 아는 사람도 없었고, 시장을 보러 갈 때
말고는 밖에 나가지 않았다. 임신을 했다면 애 아버지는 가까운
곳에 있을 수밖에 없었다. 황옥림 여사의 눈빛이 날카롭게 빛났
다. 발소리도 안 내고 조용히 방으로 도망치려던 아버지가 어머
니의 레이더에 들어왔다.

“여보!”
“응? 나… 나는 아니야! 나는 아니라고.”
“사실대로 말해. 당신은 알지? 누구야?”
“김 집사밖에 없겠지… 여기 누가 있겠어. 그런 짓을 할 놈
이. 아이고… 저 아무것도 모르는 애를… 김 집사 이노무
자식….”

"김 집사가?"

김 집사는 당시 우리집 운전기사였고 마흔두 살 노총각이었다. 우리집 출입이 빈번하긴 했지만 딱히 신수양을 만날 일이 있어 보이진 않았다. 아버지는 간절한 목소리로 신수양을 다그쳤다.

"애, 수양아. 너 김 집사 맞잖아. 운전기사 아저씨랑 그런 거 맞지?"

신수양은 이미 아까부터 눈물을 철철 흘리고 있었다.

"사모님… 저랑 아기 내쫓지 말아주세유…."

어머니는 단호했다. 목사의 집에서 낯 뜨거운 짓을 벌인 걸로 의심되는 김 집사와 신수양을 집에서 내쫓은 것이다. 나는 눈물을 흘리며 짐을 싸는 신수양과 멍한 얼굴로 어머니에게 꾸지람을 듣는 김 집사를 바라보는 것 말고는 할 일이 없었다.

두 사람은 나중에 결혼해서 아기도 잘 낳고 충청남도 공주에 과수원을 열고 행복하게 살고 있다고 한다. 내가 이 사실을 알게 된 이유는 신수양이 우리집을 떠난 다음 해에 김 집사 이름으로 공주에서 배 한 박스가 왔기 때문이다. 어머니가 당장 돌려보내라고 소리를 쳐서 내가 그걸 낑낑거리고 우체국까지 들고 가 반송을 했다.

그런데 이 이야기와 우리 아버지가 무슨 상관이냐고? 생각해보라. 김 집사는 운전기사를 하며 한두 푼 벌어 혼자 살고 있는 홀아비였고, 신수양은 십 원 한 장 없이 상경한 가난한 십 대 소녀다. 이 두 사람이 무슨 돈이 있어 과수원을 얻을 수 있었겠는가. 그들의 곁에 있는 사람 중에 충청도 과수원 하나 정도는 대뜸 사서 줄 수 있는 사람, 수전노지만 적지 않은 돈을 들여 그걸 사서 줄 수밖에 없는 사람은 딱 한 명뿐이다.

그렇게 해서 나는 깨닫게 되었다. 하얀 옷을 입고 똥통으로 들어가면 옷이 똥범벅이 되듯, 나의 첫사랑이었을지 모를 신수양은 순수했지만 세상의 똥을 피할 수는 없었다는 걸. 그렇게 세상은 똥색이 되어간다는 걸.

너희는 이스라엘 백성에게
이렇게 일러주어라.
어떤 남자의 성기에서
고름이 흘러 나오면,
그 나온 것은 부정한 것이다.
이렇게 고름이 흘러 나옴으로써
부정하게 되는 경우에는,
고름이 계속 나오고 있든지
나오고 있지 않든지, 그는 부정하다.
그렇게 고름을 흘리는 사람이
누웠던 자리와 앉았던 곳도 부정하다.

레위기 15:2~4

#4

내가 감옥에 들어오기 전까지 옆에서 직접 봤든, 전해 들었든 아버지의 성생활은 대상을 가리지 않고 주위를 돌보지 않는다는 점에서 한 마리 야수의 그것과 같다. 아니, 듣기론 짐승 새끼도 이 정도는 아니라고 하는데 아버지는 그야말로 짐승 이상의 무언가를 가진 분이시다. 원래 부모의 성이란 자식이 논하기 불경스러운 것인데 어머니의 입에서 나오는 '아무 데서나 X을 놀리는 새끼야' 같은 표현을 수시로 들으며 나는 아버지가 우리나라에서 가장 존경받는 목사인 동시에 세계적으로도 적수를 찾기 어려울 섹스의 대마왕, 정력의 화신이라는 점을 확실히 알게 되었다.

한국에서 가장 크고 거룩한 교회를 대표하는 나의 아버지 육봉기 목사는 어쩌다가 주지육림의 길로 들어섰을까. 그 맥락을 모두 알 수는 없겠지만 아버지 출신에 관한 전설처럼 전해져 내려오는 이야기는 있다. 나는 핏줄을 믿는 편이다. 불끈불끈 치솟는 광기에 가까운 성욕에 정신이 몽롱해질 때마다 아버지와의 혈연관계를 강하게 느낀다. 아마 아버지의 아버지들 중에서도 분명 거대한 정력으로 세상을 호령한 분이 있었을 것이고, 실제로 그러했다. 아버지는 그 출신부터가 남다르다.

아버지는 그 충만한 영력으로만 보면 독실한 기독교 집안에서 태어났을 것 같지만 할아버지의 출생에 얽힌 배경은 절이었다. 증조할아버지와 증조할머니는 혼인을 하고도 7년이 지나도록 아이가 생기지 않아 고민이 많았다. 3대째 외아들이라 아들을 바라는 마음은 컸다. 결국 할머니는 봉우리가 여섯 개 있어 육봉산이라 불리는 산의 험한 길을 뚫어 법력 높기로 유명한 육봉사 스님을 찾아갔다.

깊은 밤 찾아온 아낙의 정성에 감복한 육봉사 스님은 그동안의 관례를 깨고 여인을 절에 받아들여 밥도 먹지 말고 정성을 다한 불공을 드려 부처님의 마음을 움직일 것을 권했다. 증조할머니는 오로지 아이를 가진다는 일념으로 스님의 말에 따라 밤낮없이 부처님께 빌었다. 그렇게 빌고 빌기를 며칠. 체력이 달린 증조할머니는 쓰러지고 말았다. 이를 가엾게 여긴 스님은 쓰러진 할머니를 안고 절방으로 들어왔다. 한참이 지나 정신이 든 증조할머니는 인자한 미소를 짓고 자신을 쳐다보는 스님을 발견했다. 스님은 '드디어 부처님이 부인의 정성에 감복했다'며 곧 좋은 소식이 있을 거라며 할머니를 돌려보냈다.

그리고 증조할머니는 임신을 했다. 신기한 것은 그때 당시 증조할아버지는 1년 넘게 한양에 가 있고 집안에 남자가 없었다는 사실이다. 증조할머니는 성모마리아가 아니므로 아버지가 될 수 있는 사람은 딱 한 명, 육봉사 스님뿐이다. 육봉사 스님의 법력이란, 다름 아닌 정력의 다른 표현이었던 것이다. 그러니까 내 증조할아버지는 스님이지만, 증조할아버지라 불리는 사람은 따로 있다. 모두가 그걸 알았지만 문제 삼는 사람은 없었다고 한다.

그렇게 자랑스러울 것 없는 사연을 알게 된 것은 어머니 덕분이다. 남편의 주체할 수 없는 바람기를 견디다 못한 어머니가 도대체 이 인간이 어떤 인간인지를 알아보는 과정에서 심상치 않은 가문의 역사를 접하게 되었고, 육봉사 스님과 연관된 할아버지의 출생 비밀은 아버지가 바람을 피울 때마다 '증조할애비부터 심상치 않더니만-'으로 시작해 단골로 읊어대는 두 번째 이야기가 되었다.

그러면 첫 번째 레퍼토리는 뭐냐고? 사실 이 이야기는 목소리 큰 어머니가 워낙 말버릇처럼 붙인 탓에 아버지 주변에 있는 사람들은 대부분 아는 사실이다. 아버지가 잘 아는 분 중에 집권 당 쪽에 끗발이 있는 박 총재라는 사람이 있다. 오래 전 우리나라에 발기부전 치료제가 잘 소개되지 않았던 시절에 박 총재가 미국에 다녀와서 아버지에게 '남자에게 각별히 좋은 것'이라며 건넨 선물이 바로 비아그라다. 박 총재는 하고많은 선물 중에 왜 비아그라를 그것도 목사에게 건넸을까.

아마 누구보다 박 총재가 육봉기 목사라는 인물에게 필요한 것이 무엇인지 알고 있었기 때문일 것이다. 미국, 유럽, 남미를 돌며 해외 순방을 하는 아버지는 지역별로 자신과 밤에 함께 기도할 자매들을 확보해두고 있다. 비아그라를 들고 외국으로 나간 아버지는 이전과는 다르게 더 많은 자매들과 한층 더 뜨거운 기도를 드릴 수 있었고 다음 날 집회에서 정신을 못 차릴 정도로 졸아야 했다.

그런데 문제가 생겼다. 귀국해서 박 총재에게 '잊지 못할 선물'에 대한 감사를 표하고 평소와 같은 나날을 보내던 아버지에게 격분한 어머니의 전화가 한 통 걸려왔던 것이다. '개'자로 시작하는 욕설 소리가 얼마나 컸던지 주변에 있던 목사들이 깜짝 놀랄 정도였다고 했다. 황옥림 여사가 전화기가 터지도록 외쳤을 말을 대략 상상하면 이 정도였을 것이다.

"야, 이 새끼야. 어떤 년하고 바람나서 부인한테 성병을 옮긴 거야? 매독이야, 이 새끼야. 요 며칠 배가 살살 아파서 병원에 가보니까 의사가 캬바레 많이 가냐고 묻잖아, 이 변태새끼야. 너 이 새끼, 다시는 내 몸에 손대기만 해. 죽을 줄 알라고!"

그렇다. 자랑스러운 우리 아버지는 너무도 많은 자매들을 만난 나머지 목사로서는 좀처럼 걸리기 힘든 질병에 걸렸던 것이다. 그리고 어머니에게 그 병을 옮겨 대한민국에서 가장 존경받는 목사와 그의 부인은 매독을 치료받기 위해 병원을 찾아야 할 지경에 이르렀다. 안타까운 것은 이 두 분이 행여 소문이 날까 고통을 견디며 병원을 가지 못했다는 사실이다. 황옥림 여사는 끙끙 앓으며 빨리 죽어서 갈라지자는 말을 수십 번 되풀이했고, 교회 집회에서 '각자 몸 아픈 곳에 자기 손을 대라, 내가 대표로 기도하게 될 텐데 다 치유될 것이다'라며 변치 않는 성자의 포즈를 취하는 남편의 위선에 질려 '육봉기 너도 어느 부위에 손을 대라!'라고 소리를 지르다 제지를 당한 적도 있다고 한다.

나 또한 무수한 방탕의 나날을 보내며 많은 여자를 접했지만 성병이 걸려본 적은 없다. 몸을 돌보지 않고 욕구에 충실한 아버지의 역사를 돌이켜볼 때마다 일순 고개가 숙여지는 이유다. 어머니는 이후로 아버지를 욕할 때 '이 성병 옮긴 새끼가'를 후렴구로 붙이는 일이 잦아졌고 아버지는 사실이 아니라고 할 수 없는 이 표현에 침묵하다 때론 분노하고 때론 애원했다.

너희가 간음하며 지르는 소리를
나는 들었다.
추잡하게 음란 피우는 꼴도 보았다.
언덕과 들에서 역겨운 우상을 받드는 것을
나는 보았다.
너는 이제 망하였다.
예루살렘아, 이 부정한 것아,
언제까지 이 모양으로 있으려느냐?

예레미야 13:27

#5

오성자가 찾아가고 얼마 지나지 않아, 아버지가 면회를 왔다. 보아하니 오성자의 입에서 혹시 쓸데없는 말이 나오지 않았는지 확인 차 온 것 같았다.

"그년은 미친년이다."

오성자라는 이름과 하고 간 이야기들을 대충 전하자 면회 온 아버지가 한 말이다.

"왜요. 인상 선하고 좋아 보이시더구먼."
"아니, 10년 전에 뒤진 남편 얘기를 왜 꺼내? 뭐? 하늘에 있는 남편이 저랑 나를 어떻게 볼 거 같냐고? 지옥불에서 활활 타면서 여기 쳐다볼 시간이나 있을 줄 알아?"
"그런데 그 아줌마가 아버지한테 제 얘기는 왜 한 거예요?"
"이름이 성자라서 너같이 버러지 같은 놈한테도 사랑을 주시려나 보다."
"아버지한테 시집오려고 하는 거 아녜요?"

"그런 골빈 년이 한둘이냐."
"오성자 아줌마는 그래도 얼굴이 좀 반반하시던데요. 진작에 그런 분을 좀 만나시지 않고. 여자 보는 눈이 너무 없으시다니까."
"이 새끼가. 아버지를 능멸하려 들어? 개새끼."
"아이, 아버지, 개새끼면 아버지 스스로 누워 침 뱉는 거예요. 하하하, 아버지 얼굴 붉어지셨네. 하하하. 아, 그렇게 그 여자가 좋아요?"

아버지는 욕을 하고 짜증을 내다가 내 얼굴도 보기 싫다며 면회 시간도 끝나지 않았는데 나가버렸다. 아버지와 함께 온 김 장로가 난처한 얼굴로 웃어 보였다. 김 장로는 오래 전부터 아버지 곁에서 온갖 섹스 스캔들을 무마해온 협상의 달인이자 뒷돈의 대가다. 하도 이쪽 일이 바빠 교회 업무는 딱히 뭘 하는 것 같진 않다.

"도련님이 좀 이해하십시오. 요새 목사님 심기가 영 불편하십니다."
"우리 아버지 심기 편할 날이 어디 있었나요. 그래 이번에는 또 어디 여자예요?”

김 장로는 대뜸 여자 이야기를 꺼내는 나를 보고 짐짓 민망한 척 눈을 돌린다.

“LA입니다.”

내가 ‘어떤 여자’가 아닌 ‘어디 여자’를 묻는 까닭은 아버지의 애인이 세계 방방곡곡에 있기 때문이다. LA라면… 그래, 아마 피아노 치는 그 여자일 거다. 이름이….

“조영숙이라는 여자인데요. 이번에 좀 골치 아프게 됐습니다.”

조영숙. 나는 그 여자를 본 적이 있다. 아무리 세대가 다르다 해도 미인상이라는 게 있는데 도무지 예쁘다고는 하기 어려운 얼굴이었다. 들리는 소문에 의하면 아버지가 현혹되는 건 여성의 뒤태라고 한다. 불쌍한 가정부 신수양이 자기도 모르게 아버지를 홀린 것도 걸레질하고 빨래 널고 설거지하는 뒤태가 아니었을까. 아버지는 미국에서 집회를 할 때 피아노 독주를 하는 긴 생머리 여성의 뒤태에 반해버렸던 것 같다.

아버지는 자신의 감정에 충실하신 분이다. 바로 아버지는 조영숙과 신성한 만남을 추진했다. 내가 아는 아버지가 여자와 신성한 만남을 가질 때의 대화는 대충 이렇다.

"조 여사, 나 육봉기 목사요."
"어머나. 목사님! 육 목사님께서 저 같은 사람한테 전화를 다 주시고… 어쩐 일이세요?"
"오늘 저녁에 시간 돼요? 호텔에서 식사나 같이 합시다."
"영광이에요, 목사님!"

쉽다. 일단 만나면 그 다음은 더 쉽다.

"그래, LA에 온 지는 얼마나 됐소?"
"제 나이 스물 둘에 왔어요. 유학 왔다가 정착하게 된 거지요."
"그렇군요. 그런데 참 신기한 일이오. 기도하다가 미국만 생

각하면 자꾸 당신 얼굴이 떠올라요. 그래서 내 기도 리스트
에 올렸어요."
"목사님…."
"I… love… you… in Jesus."
"I think so, I love you…."
"가자, 영숙아! 내가 오늘 너를 영의 아내로 삼아야겠다."
"목사님, 순종하겠어요."

아버지는 사랑이라는 말이 나오면 흥분을 한다. 먹은 밥이 위장
으로 다 넘어가기도 전에 둘은 호텔방으로 갈 터이다.

"조영숙 집사, 너는 나의 영의 아내다. 너는 나를 영의 남편
으로 생각하며 따르겠느냐."
"목사님, 그럼요. 저의 모든 것을 다 드리겠어요."
"착하고 순종된 여종아, 내 품에 안기거라."

아버지는 마음만 먹으면 대한민국에서 가장 걸쭉하게 욕을 하
실 수 있는 분이다. 아버지 세대의 방식인지 교회의 방식인지,
아무리 난잡한 짓을 해도 꼬박꼬박 교회의 표현들을 입에 올리

며 이를 의식화하는 이유에 대해 나는 잘 모른다. 단순히 위선이라고 부르기에는 심심한, 종교와 섹스를 아우르는 그 의사소통을 설명하려면 아마 논문 대여섯 편은 나와야 할 것이다.

이렇게 시작된 아버지와 조영숙 여사와의 관계는 어머니만 빼고 아버지 주변 대부분의 사람이 알고 있었다. 아버지는 한번 꽂히면 그다지 세심하게 자신의 안위를 돌보지 않는다. 물론 뒷감당을 해주는 김 장로 같은 사람이 있기도 하고.

조영숙이 아버지 집회에 나가 피아노를 칠 수 있게 주선한 사람은 LA의 의류사업가 공미인 사장이었다. 그녀는 아버지와 조영숙이 호텔방을 같이 들어갔다는 소식을 접하고 조영숙에게 점잖게 충고를 했던 모양이다. 세계적인 영적 지도자가 조영숙과 호텔방에 들어가는 사진이 있고 숙박부에 적힌 이름은 육봉기, 카드 결제는 조영숙이 했다는 사실까지 꼼꼼하게 정리된 자료를 가지고. 그녀는 아버지가 조영숙을 영의 아내로 삼으려 했다는 점까지 족집게처럼 집어냈다고 한다. 그러면서 조영숙이 버림받을 날이 임박했다고 경고했지만 많은 여자들이 그랬듯 조영숙도 아버지의 진심을 의심하지 않았다.

공미인 사장 역시 또다른 영의 아내로서 조영숙이 겪었던 과정을 거치며 만나고 기도하고 품에 안겼다가 버림받아 독이 많이 올라 있는 상태였다. 아버지를 향한 애정은 온전히 증오로 바뀌어 어떻게든 아버지의 약점을 잡으려고 사설탐정까지 고용해 아버지의 뒤를 캐고 있었다. 공미인 사장은 어머니를 수신자로 해 몇 차례 심상치 않은 사진들을 보냈는데 그것들은 모두 김 장로가 중간에 가로챘다. 이런 식의 갖은 공작에 김 장로는 단련될 대로 단련되어 웬만한 건 일사천리로 해결한다.

그리고 얼마 지나지 않아 조영숙은 공미인의 예언대로 아버지에게 버림받는 수순을 밟았다. 노련하신 육봉기 목사님은 모바일폰 번호를 가르쳐주지 않기 때문에 여자들은 오로지 아버지가 전화해주기만을 기다린다. 아버지는 나중에 생각날 때 성욕을 해결할 수 있도록 가끔씩 전화해서 관리를 한다. 그런 전화를 할 때 아버지는 아주 긴장감 넘치는 목소리를 구사한다. 그리움에 몸부림치며 아버지에게 애원하는 조영숙의 통화 내용이 내 귓가에 들리는 듯하다.

"목사님, 왜 이제 연락하셨어요? 얼마나… 얼마나 기다렸는데… LA 오셨잖아요. 네? 사모님이 감시원을 붙였다고요? 이번에도 그냥 가야 할 것 같다고요? 한 번만! 한 번만 만나요. 목사님 드리려고 가디건을 직접 짰어요. 목사님 드실 간건강 치료제도 준비해 놓았어요. 그냥 한 번만 얼굴 보여주세요. 경호원이 온다고요? 물리치시라고요. 저 사랑한다고 하셨잖아요. 사랑에는 두려움이 없다고… 여보세요. 여보세요! 목사님!"

애끓는 마음을 다잡고 가뭄에 콩 나듯 오는 아버지의 전화와 은총을 기다리는 여자들도 있고, 공미인 사장처럼 육봉기 목사가 자신을 어떻게 이용했는지 정확히 깨닫고 갖가지 방법으로 복수를 꿈꾸는 여자도 있다. 대부분의 복수는 압도적인 돈과 권력을 지닌 아버지에게 별다른 상처를 주지 못했다. 조영숙은 어땠을까. 좀처럼 만나주지 않는 아버지의 마음을 알 수 없어 하던 그녀에게 복수의 빨간불이 들어오게 한 사건이 있었다.

"네, 세계적인 영적 지도자 육봉기 목사님, 오늘 저희 LA한인 라디오방송에 특별 손님으로 모셨습니다. 어서 오십시오."

"안녕하십니까. 이 방송 들으시는 교민 여러분에게 주님의 평화가 임하시길 빕니다."
"목사님, 노란색의 넥타이가 유난히 멋지십니다."
"이 넥타이는 우리 집사람이 해줬습니다."
"두 분 금술은 정말 대단하시더라고요."
"저에게 여자는 어머니와 아내뿐입니다. 외국 나와서도 아내가 그립다보니 이렇게 넥타이를 맵니다. 이런 이야기하는 게 그렇습니다만, 저는 아내 말고는 여자로 안 보여요. 그 어떤 유혹에도 이길 수 있도록 해주시는 하나님께 영광을 돌리고 있습니다."

아버지에게 이 정도 멘트쯤이야 늘 하는 것이지만 이 라디오 방송을 들은 조영숙은 이성을 잃었던 모양이다. 그녀가 이성을 찾고 복수를 하도록 도와준 사람은 아마 공미인 사장으로 짐작한다. 요지는 이왕 이렇게 되었으니 챙길 건 챙기고 끝내자는 것. 순정파 피아니스트인 줄 알았던 조영숙은, 이제까지 다른 여자들과 차원이 다른 복수를 계획했던 것 같다.

"맹랑한 여자더군요. 어느 날 저한테 전화가 왔는데 글쎄 뭐라고 하는지 아십니까?”

김 장로의 얼굴에 시름이 가득했다.

“뭐, 금문교에서 다이빙이라도 하겠대요?”
“아이고. 그런 거면 지옥에서 만납시다, 한마디 하면 그만이
죠. 아니 이 여자가 언제 그렇게 시간을 냈는지 목사님과 만
난 이야기로 글쎄 책을 한 권 냈습니다.”
“책? 아버지랑 연애한 걸로 책을요?”

나는 갑자기 우스워져서 입을 가리고 큭큭거리며 웃었다.

“제목은 뭐라고 하던가요?”
“제목이야 뭐가 됐든, 저는 깜짝 놀랐습니다. 도련님도 아시
다시피 책 한 권 쓰는 일이 어디 보통 일입니까, 그 정도로
독기를 품었으면 이 여자가 호락호락 넘어가진 않겠구나 싶
더라고요.”
“피아노 치는 분이라 그런지 예술적 재능이 아주 대단하시
구면.”

산전수전 다 겪은 김 장로였지만 조영숙과의 만남은 만만치 않았
다. 미국까지 건너가 만난 조영숙은 적장의 목을 베기까지 돌아가
지 않겠다는 각오로 커피숍에 팔짱을 딱 끼고 있었다고 한다.

"조영숙 집사, 이거면 되겠어?"
"이거 좀 곤란한데… 출판사가 책을 3만 권 찍어서…."
"3만 권? 얼마나 대단한 책이라고 3만 권이나!"
"제가, 목사님 명예를 지켜드리기 위해 얼마나 애쓰고 있는
데… 장로님, 역정 내실 일이 아니에요. 혹시 목사님이 그러
라고 하셨어요?"
"목사님의 명예? 당신이 책을 안 내면 그만 아니야!"
"안 되겠네요. 목사님에게 전해주세요. 『나는 LA의 슈만이
었다』, 이 책 제목 마음에 드시냐고요."

김 장로는 조영숙의 팔을 붙들 수밖에 없었다.

"조 집사, 조 집사, 얘기 이렇게 끝내면 안 되지."
"이거 놓으세요."
"조 집사, 이건 목사님과는 무관한 내 생각이야. 우리 교회

가 판검사, 변호사가 없어서 이러는 게 아니야. 허위사실에 의한 명예훼손, 이 고소장 쓸 줄 몰라서 이렇게 미국까지 건너와 당신을 만나는 게 아니라고. 검찰 법원 출석하는 번거로움도 그렇지만, 당신의 명예도 생각해보라고. 육봉기 목사 홀린 꽃뱀… 이런 이야기 들으면 좋겠어?"

"뭐라고? 야! 다시 이야기해봐, 꽃뱀?! 사과해!"

"좋아. 조 집사, 사과할게. 그러면 탁 까놓고 거래해. 3만 권이면 권당 만 원씩 해서 3억으로 하자고. 물건을 우리한테 넘기라고. 알았지?"

"입금은 오늘 0시까지예요."

결과적으로 조영숙은 베스트셀러 작가가 되었다. 요즘 같이 책 안 읽는 세상에 중년 남녀의 불장난이 3만 권씩이나 팔리겠는가? 특이한 건 팔리긴 3만 권이 팔렸지만 책을 읽은 사람이 없나는 거. 우리 아버지처럼 고비용 들여서 연애하는 분도 없을 거다. 김 장로는 '그래도 아버지 이야기인데 한번 읽어보시라'면서 모두 소각시켜 버렸다는 3만 권 중에서 살아남은 책 한 권을 건넸다. 안 봐도 눈에 선한 내용이지만 아버지를 한층 더 존경하기 위해, 오늘은 이거나 읽어봐야겠다.

그들의 꾸미는 일은 사기뿐,

그들의 즐거움은 속임수,

짐짓 거짓을 품고 입으로는 복을 빌면서

속으로는 저주를 퍼붓는구나. (셀라)

시편 62:4

#6

내가 빨리 출소하고 싶은 또 하나의 이유는, 여기 들어와 있는 동안 너무도 재미있는 일들이 많이 벌어지고 있기 때문이다. 무엇보다 우리 아버지와 관련된 여러 가지 사건들이 워낙 급박하게 전개되는 탓에, 잠깐이라도 소식을 못 들으면 흥미로운 내용들을 놓치기 일쑤다.

아버지와 김 장로가 다녀가고 얼마 후, 역시 아버지 성욕 뒷감당 전문반 중 한 명인 이 목사가 면회를 왔다. 사적으로는 딱히 만난 적이 없어 무슨 일인가 물었더니 대뜸 김 장로에 대해 물었다.

"별다른 얘기 안하던가요?"
"요새 조영숙인가, 그 여자 때문에 골치 아프신 모양이던데. 제가 보기엔 조금 더 써야지 3억 갖고 될까 싶어요? 그 책 쓰는 게 보통 일이 아니잖아요. 다 예술이고 창작의 고통인데."
"그거 말고 특별한 건 없었고요?"

“할 얘기가 뭐가 있어요? 그 양반이 나하고. 그거 때문에 오신 거예요?”

“그게…. 지금 목사님하고 김 장로 사이가 심상치 않습니다.”

이 목사가 조영숙이 쓴 책에도 적혀 있지 않은 내용이라며 해준 얘기는 이렇다. 아버지가 LA를 방문해 대규모 부흥성회를 앞둔 1시간 전, 김 장로와 이 목사는 아버지가 나타나지 않고 전화도 받지 않자 초조해하던 끝에 급히 호텔로 아버지를 데리러 갔다. 호텔방을 두드려도 기척이 없자 무슨 일이라도 생겼나 싶어 호텔 직원을 불러 문을 따고 들어간 모양이다. 방 안에는 아버지가 죽은 듯이 누워 있었다.

“아니, 목사님. 집회가 코앞인데… 문 잠그고 뭐하십니까?”

“아, 이 목사. 지금 몇 시인가?”

김 장로가 다급히 대답했다.

“목사님, 몇 시긴요. 지금 6시입니다. 집회는 7시고요. 지금 사람들 다 왔어요. 통로까지 꽉 찼어요. 목사님, 퇴근 시간이 맞물렸습니다. 서둘러 가시지요. 빨리 일어나셔야 합니다."

"아이고, 목사님. 피로가 극심하신 것 같습니다. 오전만 해도 건강해 뵈셨는데…."

"아, 내가 지금 완전히 탈진됐어요. 오늘 집회 미룰 수 없나? 내가 힘이 없어…."

"목사님, LA까지 왜 오셨습니까? 오늘 하루 집회하려고 오셨잖아요. 안 됩니다. 게다가 오늘은 캘리포니아 주지사도 옵니다."

"아, 그렇지. 알았어요. 5분만 시간 더 줘요. 로비에 내려가 있으면 곧 따라갈게요."

"안 됩니다. 목사님, 이렇게 내려가면 못 내려오실 것 같아요. 이 목사, 시간이 없어요. 빨리 화장실 가서 수건에 물 적셔 가져와요. 씻으실 시간 없으시니 대충 얼굴만 닦아드리고 모셔가자고요."

여기까지는 머나먼 타향에서 예수의 뜻을 전하러 간 위대한 종교적 지도자가 갑자기 찾아온 피로에 지쳐 쓰러졌지만 추종자들과 힘을 합쳐 주어진 의무를 다하기 위해 안간힘을 쓰는 아름다운 일화 같다. 하지만 그런 미담 사례라면 어디 그게 우리 아버지 이야기겠는가? 이 목사가 김 장로의 말에 수긍하고 화장실 문을 열었는데 뜻밖에 벌거벗은 여자 한 명이 안에 있었다. 아버지가 침대에서 몸을 일으키지도 못할 정도로 피로에 젖은 까닭은 따로 있었던 것이다.

이 목사는 나중에 알았지만 그 여자는 조영숙이었다. 조영숙이 버럭 성질을 내 급히 화장실 문을 닫은 이 목사를 보고 김 장로는 한숨을 쉬며 아버지에게 10분 내로 나올 것을 신신당부하고 호텔방을 빠져나왔다고 한다. 다행인지 불행인지 아버지는 불굴의 의지를 발휘하여 몸을 일으켰고 LA의 퇴근길을 뚫고 교회에 도착해 집회를 잘 치렀다고 한다.

그런데 아버지와 조영숙, 김 장로와 이 목사. 딱 네 명이 아는 이 일이 어떻게 된 건지 우리 어머니 귀에 들어가면서 문제가 커졌다. 어머니는 '성병 걸린 새끼가'로 시작해 장장 몇 시간에 걸쳐 아버지가 왜 알몸의 여성과 호텔방에 같이 있었는지를 추궁했다. 혼쭐이 난 육봉기 목사 곁에는 정말로 감시원이 붙었고 조영숙과의 이별도 한층 더 빨라졌다. 정황을 들어보니 아버지는 조영숙을 최소한 몇 번은 더 만날 감정을 가지고 있었던 거 같다. 그러나 호텔방 사건으로 인해 조영숙에게 당분간 만날 수 없음을 통보한 후 라디오에 나와 어머니에 대한 애정 표현과 같이 평소에 하지 않는 짓을 했던 것이다. 이에 조영숙은 독기를 품고 집필을 시작했고.

아버지는 호텔방 사건이 어머니의 귀에 들어간 것에 대해 김 장로를 의심했다. 아버지는 이 목사가 있는 자리에서 공개적으로 김 장로를 꾸짖었다.

"조영숙이 내 호텔방에 있었던 일, 집사람한테 이야기한 게 당신이지?"
"목사님, 제가 왜 그 이야기를 사모님한테 합니까?"
"그럼 누가 그때 일을 이야기해? 이 목사, 그럼 당신이 했어?"
"그럴 리가요."
"이봐, 김 장로. 이 목사는 그 여자가 누군지도 잘 몰라. 그리고 당신 기억해? 나한테 아주 빈정거리듯 이야기했었지.

안 그래?”

이쯤 되자 김 장로도 슬슬 화가 났다.

“빈정거리지는 않았습니다. 당황했을 뿐입니다. 그리고 제가 사모님께 일러바쳤다고 누가 그러던가요? 사모님이 혹시 저에게 들었다고 하셨습니까? 분명히 말씀드립니다만, 저는 사모님과 그런 대화 나눌 사이가 아닙니다.”

“야, 이 새끼야, 거짓말하지 마! 그러면 허깨비가 마누라한테 꼰질렀단 말이야?”

“목사님, 지금 저에게 뭐라고 하셨습니까? 제가 이래 봬도 종업원 30명을 둔 50억 연매출의 골프장을 운영하는 골프장 사장입니다. 추앙받지는 못해도 존경은 받고 있습니다. 목사님에게 이런 대접받을…”

“니 일주일에 헌금 20억 모을 수 있어? 나니까 가능해. 그런데, 연매출이 뭐 얼마라고? 듣보잡 새끼가 어디서 같잖게 돈 자랑을 해?”

“더이상 이야기를 이어갈 수 없겠군요. 그동안 주님을 위해, 또 장로로서 덕을 세우기 위해 교회 일에 대해 보고만 있었고, 또 목사님의 허물을 덮기 위해 제 돈과 시간 들여가며 애썼는데 더이상 그 의미가 없어졌습니다."

"그래, 그럼 너도 그… 뭐냐, 양심고백 뭐 그런 거 하려고?"

"제가 못할 것 같습니까?"

"해봐, 뜻대로 될 수 있을지 모르겠지만."

이 시원시원하고 솔직한 대화가 바로 아버지의 대화 스타일이다. 내가 보기에 김 장로만큼 아버지 뒤를 봐줄 수 있는 사람도 없는데 좀 경솔하신 게 아니었나 걱정도 된다. 그러나 내가 뭐면 아버지는 나는 분. 김 장로를 내치신 데는 나름의 깊은 뜻이 다 있었을 것이다. 다는 알 수 없지만 나날이 자신의 비밀을 알아가는 위험한 사람을 내치기에 지금이 적기라고 생각하셨을 수도?

"그래서 김 장로, 짤렸어요?"

"네. 그런데 문제가 이게 끝이 아니에요. 김 장로가 발끈한 겁니다. 김 장로가 교회를 떠나고 얼마 후에 목사님께 메모를 한 장 보내왔어요. 메모로 기별드려 죄송하고, 목사님 얘기로 책을 내는데 교회의 발전과 목사님의 새출발을 위한

"아이고. 선전포고를 하셨네, 그냥. 그런데 그 쪽지 보고 아버지가 뭐라고 하셨을지 막 음성지원이 되네?"

아버지는 처음에는 눈썹 하나 까딱 안 하셨던 것 같다. 아버지를 신처럼 떠받드는 판검사만 여러 명이고 오히려 명예훼손으로 상대를 쫄딱 망하게 했던 기억이 많은 아버지의 신념은 '정의가 이기는 게 아니라 이기는 게 정의다'. 나 역시 아버지의 이 가르침을 믿고 따르며 정의로운 사람이 되기 위해 무수한 노력을 해왔다.

그런데 김 장로는 생각보다 쉬운 상대가 아니었다. 아버지가 생각지도 못했던 아버지의 비밀을 정말 많이 알고 있었기 때문이다. 게다가 김 장로가 달래오던 조영숙 문제가 완결되지 않은 상태였는데, 김 장로는 한술 더 떠서 조영숙 책에 나와 있는 내용을 자기 책에 포함시켜 버렸다.

평소에 아버지의 논문 표절 논란 때 그럴듯한 기사를 내 무마시키는 등 여러 가지 역할을 했던 천민일보 박 기자라는 사람이 있다. 이 사람이 김 장로가 낸 보도자료를 보고 아버지에게 연락을 한 것이다. 박 기자에 따르면 김 장로의 폭로 수준은 일방적으로 징징거리며 욕을 하는 수준이 아니었다. 여성과 호텔에 머무는 장면, 숙박비, 편지, 여자에게 준 속옷까지 다 증빙자료로 첨부된, 누가 봐도 명백하고 구체적인 신문기사 수준의 책이었다. 김 장로가 치운 똥이 이제까지 얼마였는지 그 자료만으로도 책 한 권을 구성하기가 부족함이 없었다고 한다. 그제야 당황한 아버지는 천민일보에 전면광고를 책임지는 조건으로 박 기자를 이용해 일단 언론에서 이 일이 퍼지는 것은 잠시 지체를 시켰지만 김 장로라는 시한폭탄의 폭발 시기가 임박했음을 깨달았다.

여기에 굴할 아버지가 아니다. 김 장로의 후임으로 임명한 변호사 소광렬 안수집사와 이 목사를 불러 대책을 논의했다.

"이거 진짜 흥미진진하네. 세계대전이야, 세계대전."
"소광렬 집사, 이쪽으로 경험이 많은 사람 같더라고요. 목사님을 딱 접견하더니 두 가지 방법이 있다고 합디다."
"뭔데요?"

"첫 번째는 소송인데 허위사실에 의한 명예훼손 혐의로 검찰에 형사 고소하고 책에 대한 판매금지 가처분을 신청하는 거. 목사님이 처음에 생각하셨던 그거죠."

"아버지가 그걸로 사람 알거지 만드는 거 전문이니까."

"그런데 소 집사 말은 그게 안 된다는 거죠. 소 집사 말마따나 김 장로는 베스트셀러 작가가 되려는 게 아니거든요. 그냥 목사님을 어떻게든 타격하려는 거니까, 책을 못 판다면 파일로 만들어 인터넷에 뿌릴 수도 있다는 거예요."

"허… 듣고 보니 그 말이 맞네. 그래서요?"

"그래서 소 집사가 내민 두 번째 계책이 아주 기가 막히더군요. 유화책으로 쓰라는 겁니다. 원수도 사랑하라는 바로 성경 말씀이죠."

"여자도 아니고 남자한테 사랑이라니, 우리 아버지 듣고 뒷목 잡으셨을 텐데."

"하하, 뭐 그게 좋게 포장한 말이고. 한마디로 기만술이죠."

아버지는 자신이 가장 잘할 수 있는 방식, 많은 경험이 있는 방식으로 김 장로를 유인했다. 우선 김 장로가 운영하는 골프장에 차명으로 예약하면서 한국기독교총연맹의 이름을 빌려 사장인 김 장로가 인사를 나오게 만들었다. 그리고 갑자기 아버지와 마주친 김 장로가 당황한 심리적 공백을 놓치지 않았다.

"목사님, 그러면 즐기고 돌아가십시오. 제가 바쁜 일이 있어서….'

"김 장로님, 제가 그냥 왔을 리 있겠습니까. 잠깐만 이야기합시다."

"목사님, 그 책은 이미 출판계약이 다 끝났습니다. 제 손을 떠났습니다."

"압니다."

"혹시 그 책이 시중에 풀리지 않게 하려고 이러시는 거라면 헛수고하시는 겁니다."

"어쩔 수 없는 일이지요. 저도 제 인생을 돌아보고 있습니다."

"저는 조영숙 집사가 아닙니다."

"그럴 분이 아니라는 걸 잘 알고 있습니다."

"전국에 세고 센 게 골프장인데 여기는 왜 오셨습니까? 저를 보려고 오신 것도 같고요."

"제 인생을 돌아보면서 욕망을 주체하지 못하고 덕을 세우지 못한 삶이 얼마나 참담한지 잘 압니다.”

“목사님, 이러지 마세요. 평소대로 하십시오. 영 불편합니다. 속의 말을 하세요. 그 책 내지 말라 혹은 얼마면 되냐, 이런 말 하려는 거 아닙니까.”

“제가 늘 그런 모습만 보여드린 것 같습니다. 죄송합니다. 이 이야기를 하려고 왔습니다. 책을 내고 말고야 장로님 자유지요. 제가 하지 말란다고 안 하시겠습니까?”

“절대 그럴 리 없지요.”

“저는 사과를 하러 왔습니다. 이쯤 되면 할 이야기는 다 한 것 같습니다. 일어서겠습니다. 골프 즐기다 가겠습니다.”

옆에서 김 장로와 아버지의 대화를 지켜본 이 목사는 혀를 내둘렀다고 한다. 사람은 자신이 예상하지 못한 의외의 광경에 감동한다. 진정으로 반성하는 눈빛, 침울한 표정, 축 처진 어깨…. 한때 주군처럼 모시던 폭군이 기가 죽은 모습에 느낀 의아함이 굳게 닫힌 마음을 흔든 것이다. 내가 아버지 욕을 많이 하지만 육봉기 목사는 누가 뭐래도 이제껏 수십만 신도의 가슴을 흔드는 무수한 집회 경력의 보유자다. 때와 장소에 맞는 적절한 표정 구사와 언변, 목소리의 변화로 애지간한 배우 뺨치는 호소력을 가진 분이다.

아버지는 더이상 아무 말도 하지 않고 자리에서 일어나 같이 온 목사들과 조용히 골프만 쳤다. 그 모습을 본 김 장로가 슬쩍 아버지 곁으로 갔다. 이 목사에 따르면 둘은 무려 다섯 시간에 걸쳐 게임을 즐겼고, 이후에는 표정이 바뀌었다고 한다.

"아이고 오늘 많이 덥네. 김 장로, 실력이 여전해요."
"목사님도 설교 안 하는 시간에 골프만 치셨나봐요. 하하하."
"이제는 나이도 먹고 그래서 할 게 골프밖에 없어요. 예쁜 여자도 눈에 안 들어와요."

그리고 아버지는 크게 웃었다고 한다. 아주 크게.

"목사님, 샤워하시고 식사 함께 하시지요."
"우리 오랜만에 만났는데 내가 아주 좋은 사우나를 알아요. 거기로 갑시다. 내가 쏠게요. 김 장로를 이제는 내가 잘 모셔야지. 안 그러겠어?"

"좋은 사우나요?"

"갑시다. 거기 일단 물이 좋고요. 갔다 오면 마음이 후련해
져요. 저녁에 시간 돼요?"

"그럼요."

그 자리에서 이 목사는 김 장로와 아버지를 여의도로 떠나보냈
지만 후에 아버지 입에서 나온 무용담을 통해 여의도와 그 이
후에 벌어진 일에 대해 들었다. 김 장로는 사우나로 이동하는
차 안에서 자기 아들이 육 목사님의 축복기도 덕분에 삼성에
들어갔다며 덕담을 했고 육 목사는 그 아버지에 그 아들 아니
겠냐며 참으로 맞는 말씀을 하셨다. 화기애애한 대화가 오간 끝
에 김 장로는 아버지에게 완전히 마음을 열고 책을 쓴 것에 대
해 용서를 빌었고 아버지는 다 자기의 허물이라며 김 장로를 감
쌌다.

내 이야기를 통해 아버지를 조금씩 이해해가고 있는 사람이라
면, 이 또한 이렇게 훈훈하게 끝날 에피소드가 아니라는 점을
알 터이다. 아버지가 김 장로를 데려간 사우나는 피로에 지친
중년 남성들을 제대로 달래줄 수 있는 특별한 시스템을 갖추고

있었다. 아버지가 '사우나의 물이 좋다'고 말했던 이유는 따로 있었던 것이다. 아버지는 사우나 앞에서 전화 통화를 한다며 김 장로를 먼저 들여보냈고, 김 장로는 텅 비어 있는 사우나의 낯선 풍경에 깜짝 놀라 두리번거렸을 것이다. 이때 '오빠'라는 코맹맹이 소리를 내며 딸뻘 되는 여자가 등장했을 것이고 여긴 남탕이 아니냐며 놀라는 김 장로에게 천국을 보여줬을 걸로 예상한다.

그러면 아버지는 왜 김 장로에게 자기 돈을 들여 사우나 물을 먹여줬을까. 김 장로가 예쁘고 귀여워서 그랬을까. 당연히 그럴 리 없다. 그 사건 이후 다시 일상을 보내고 있던 김 장로 집에 김 장로의 아내를 수신인으로 한 우편물이 하나 배달되었다. 봉투 안에는 김 장로가 사우나에서 젊은 여성과 뒤엉켜 즐거운 일을 하는 사진이 고화질로 담겨 있었다. 신실한 종교인이자 모시는 담임목사의 문란한 생활에 번뇌하는 정의로운 사람으로 남편을 알아왔던 김 장로의 아내는 큰 충격을 받았다. 격분한 김 장로가 아버지에게 전화를 하자 비서는 이런 메모를 전해주었다.

"남을 비판하지 마라. 그러면 너희도 비판받지 않을 것이다.
남을 단죄하지 마라. 그러면 너희도 단죄받지 않을 것이다.
남을 용서하여라. 그러면 너희도 용서받을 수 있을 것이다."

성경 구절이다. 이럴 때 우리 아버지, 좀 멋지지 않은가? 결국 김 장로의 책도 끝내 세상에 나오지 못한, 아버지에 관한 또 한 권의 책이 되었다. 김 장로는 아내와 이혼하고 지금은 술로 하루하루를 보낸다고 한다.

이와 같이 남편 된 사람들도
자기 아내를 제 몸같이 사랑해야 합니다.
자기 아내를 사랑하는 것은
자기 자신을 사랑하는 것이 아니겠습니까?

에베소서 5:28

#7

사랑과 복수에 얽힌 육봉기 목사의 많은 이야기들이 있지만 그 처음과 끝이란 대충 비슷하다. 뒤태에 반하고 성경을 외치며 섹스를 한다. 질려서 버리면 협박과 복수가 오가다가 돈이 감정을 덮고 마무리된다. 아버지의 그늘 안에서 내 인생은 그다지 유쾌했던 것 같진 않다. 일생 동안 단 한 번도 돈과 먹고사는 일이 문제가 된 적은 없었지만 나는 늘 무언가 허전했다. 그 허전함을 채우기 위해 닥치는 대로 여자를 만났다. 여자들은 나를 육재준이 아닌 육봉기 목사의 아들로 대했다. 하긴, 내 몸에 덕지덕지 치장된 명품과 고급 승용차와 으리으리한 저택을 보면 누군들 그런 생각을 안 하겠는가.

이처럼 내 인생에 관한 이야기가 아버지의 이야기이기도 하다. 별로 떠올리고 싶진 않아도 아버지의 삶을 완성하려면 빼놓을 수 없는 게 바로 내 결혼에 얽힌 지저분한 사연들이다.

내가 인기 걸그룹 '매직데이'의 유나림과 결혼을 결심한 건 감옥에 들어오기 5년 전쯤의 일이다. 처음에 TV에서 본 유나림의 찰진 허벅지와 풍만한 가슴에 반해 이리저리 길을 뚫어 만나기 시작했고 그녀는 가끔 나를 감동시켰다. 몇 번 데이트를 하는 동안 한번도 내 재산이나 배경에 대해 묻지 않았고 때로는 자신의 음악이나 춤에 대한 진지한 감상평을 듣고 싶어했다. 이 여자라면 허전한 마음을 달래줄 수 있을 거라 생각했다.

처음에 유명한 목사의 아들이 연예인과 결혼을 하니 아버지가 껄끄러워하지 않을까 싶었는데 웬걸? 인사를 드리러 가자 나보다 더 감격해 유나림의 손을 꼭 붙들고 손이 어쩜 이리 곱냐며 연신 탄성을 내지르셨다.

"주변에서 교회 집안이 연예인을 들인다니 이런저런 말이 많은 거 알아요. 거기에 신경 쓰지 말아요. 내가 재준이한테도 누누이 말했지만 사람은 겉모양만 보고 판단하면 안 됩니다. 두 사람의 진실한 마음이 가장 중요한 거죠. 안 그래요, 나림 양?"

화기애애한 분위기 속에 유나림이 가고 나자 어머니가 비아냥거렸다.

"말은 청산유수지. 겉모양만 보고 입이 헤 벌어져서 오케이한 거 아녜요? 안 그래요, 매독 목사님?"

"그만해요, 이제."

"눈꼬리가 쏵 올라간 게 백 년 먹은 불여시 같던데."

"재준이가 좋다잖아요."

"그, 당신 자주 가는 데 있잖아. 텐프로 나가요에서 많이 봤던 여자 아니우? 기억을 잘 더듬어보셔."

"그만해! 언제까지 그럴 거야!"

"내가 틀린 말 했어? 어디서 큰소리야! 70년대는 맷돌자매, 80년대는 봉연자와 살롱터치, 88시스터즈. 우리 육봉기 목사님을 거쳐가지 않으신 당대 아이돌이 있었나. 나중에 칠순잔치 때는, 그렇게 품으셨던 여자들만 불러 모으셔 봐요. 아마 올해의 가요대상 시상식이 되지 않을까, 응?"

부모님 사이에 말다툼이 몇 번 있긴 했지만 나는 별다른 문제없이 유나림과 결혼했다. 신혼생활이 시작되고 나는 아침에 아내에게 배웅받으며 출근하고 집에 돌아와 함께 저녁을 하는 재미에 잠시나마 푹 빠졌다.

그런데 신랑을 잘 만나 팔자 좋은 결혼을 하게 되었다는 소문이 나자 유나림을 질투하는 사람들이 몇 명 생겼던 것 같다. 결혼한 지 얼마 지나지 않아 매직데이 동료의 입에서 나왔다는 소문을 부하직원을 통해 들었다. 유나림은 내가 처음 접촉을 시도했을 때부터 내 아버지와 부에 대해 지나칠 정도로 잘 알고 있었고 많은 부잣집 도련님들과의 만남을 통해 이런 류의 인간들이 가진 습성에 대해서도 빠삭했다는, 그런 이야기였다.

처음에는 대수롭지 않게 넘기려고 했지만 그 이야기는 생각보다 나를 크게 건드렸다. 매직데이는 걸그룹 치고는 나이도 많고 유나림이 결혼을 계기로 탈퇴하려고 할 때는 인기도 별로 없었다. 그런 그룹에서 유나림이 보여준 퍼포먼스라는 것도 사실 보잘것없었다. 그녀는 결혼이라는 고리를 통해 또다른 화려한 삶을 이어긴 것인지도 모른다. 그리고 슬슬 다른 여자 생각이 날 때이기도 했고.

나는 결혼 몇 달 만에 결혼하기 전과 마찬가지로 유흥업소를 돌며 내 허전함을 그때그때 채워줄 쾌락에 집착하기 시작했다. 마음이 돌아서자 한때 나를 흥분시켰던 유나림의 몸조차 보기 싫어졌다. 집에 잘 들어가지 않자 점점 부부싸움이 잦아졌고, 서로가 하지 않아도 될 말들을 하기 시작했다.

"새벽 5시에 어디서 퇴근하셨나요? 응? 야, 너 사람이 말했으면 뭐라 대꾸 좀 해봐! 너 지금 이틀째 외박하고 들어온 상태야!"

"그만해라."

"왜 결혼하자고 그랬어? 나 행복하게 해준다며!"

"먹고 자고 입고 하는 데 애로사항 없고, 루비, 다이아몬드를 트럭째 갖다 챙겼고, 전화만 하면 비서, 운전기사 달려오고… 뭐가 아쉬운데?"

"내가 그것 때문에 결혼한 줄 알아?"

"기획사 사장한테 웃어라, 춤춰라 그리고 벗어라 이런 지시 받고 사는 노예생활 끝내줬잖아."

"내가 이런 삶을 살려고 가요계 떠난 거 아니야. 난… 난… 사랑받고 싶었다고!"

"사랑? 흥, 사랑이 뭔데? 섹스? 그래, 그건 좀 미안하다. 하지만 넌 내 스타일 아니야. 가끔 너하고 뒹굴 때, 전날 밤 섹스 파트너 떠올리곤 했지."

유나림이 내 뺨을 충동적으로 후려쳤다.

"나쁜 새끼! 그러니까 내가 잠자리할 때 항상 피임하는 거
야. 왠지 알아? 사랑하지 않은 채로 아기 가지면 아기도 나
도 불행할 테니까."
"그러니까 이혼하자. 몇 번 이야기하니."
"아니, 그냥 그렇게 쉽게 해줄 수 없지. 누구 좋으라고."

아이고머니나. 이 패턴, 어디서 많이 본 것 같지 않은가. 제값을
받고 끝내겠다며 팔짱을 낀 여자. 아버지 곁에 있던 무수한 여
자들이 잡았던 그 포즈다. 그래도 아버지는 모든 수단을 써서
어머니와의 결혼은 유지했지만 ―물론 다른 이유가 있다―
나는 이혼이라는 꼬리표를 다는 것에 별로 주저함이 없었다. 유
나림이 나의 배경을 보고 결혼했다는 사실이, 그녀가 나에게 보
여준 진심을 모두 가짜로 만들지는 않는다. 아마 유나림은 나를
정말 사랑했던 것 같고 사랑받고 싶어했던 것 같다. 그러나 아버
지가 없었다면 나를 사랑하긴 해도 결혼하지는 않았을 것이다.
내가 늘 조롱하는 아버지의 방탕한 삶이 만든 돈이 내 인생을
좌지우지하고 있다. 나는 그걸 알면서도 빠져나올 수가 없었다.

나는 정산을 외치며 친정으로 돌아가버린 유나림과의 이혼과 관련해 또다시 아버지의 도움을 받을 수밖에 없었다. 딸을 연예인으로 키우며 산전수전 다 겪은 장모는 이미 자신의 입장을 정확히 정리해놓고 있었다. 1년에 평균 2억씩은 벌었는데 나와 결혼하면서 연예계 은퇴를 했으니 10년은 손해 봤다는 입장이었다. 이에 한때 방송국 PD, 그것도 제법 이름 있는 예능 프로그램 PD로 일했던 박 장로라는 사람이 내 옆에 붙었다. 장모가 하는 얘기를 들은 박 장로는 눈 하나 깜짝하지 않고 대답했다.

"매직데이는 급으로 말하자면 B급 정도입니다. 부녀시대, 치워라, 다비쳐 이 정도는 돼야 A급이라 말할 수 있겠지요. 게다가 연 2억이라니요. 제가 아는 시장상황과 너무 다릅니다. 공연음반, 부가수입 포함해 총매출이 그 정도겠지, 유나림 양 혼자 2억을 챙길 리 없습니다. 게다가 걸그룹 주기가 10년이라니요. 그 무슨 말씀을…."

장모는 박 장로의 일목요연한 답변에 잠시 움찔한 듯했지만 준비했던 다른 카드를 바로 꺼내들었다.

"분명히 아셔야 할 점은 협의 이혼을 원하는 건 목사님 쪽이라는 겁니다. 그리고 육재준 군의 외도 문제를 저희가 거론하지 않고 있다는 사실도 분명히 아셔야 합니다. 하나님 보시기에 아름답게 끝나야지, 이게 소송전으로 비화되는 것은 모두에게 좋지 않습니다."
"그렇죠. 맞습니다. 일단 알겠습니다."

외도로 물고 늘어지면 할 말이 없는 게 사실이었다. 유나림과 결혼하고 만난 여자 수만 세도 손가락이 모자랄 정도였으니까. 박 장로는 내 얼굴을 흘끔 보더니 걱정하지 말라는 듯 웃어 보였다.

"다 목사님의 뜻이 있으니 걱정하지 마세요. 얼마 후에 재미있는 기사가 뜰 테니 신문을 잘 챙겨보십시오."

나는 박 장로의 말을 이해할 수가 없었다. 그때만 해도 이 양반이 무슨 허세를 부리나 싶었다.

돈이 많다고 우쭐대다가는 쓰러지지만

착하게 살면 나뭇잎처럼 피어난다.

잠언 11:28

#8

내 이야기를 들으면서 혹시 내가 아무 일도 안하고 아버지의 돈만 파먹는 놈팽이로 오해를 받을까 봐, 내 직업에 대해 간단히 밝힐 필요가 있을 것 같다. 감옥에 들어오기 전까지 나는 굴지의 방송사 대표이사였다. 초기자본금에 아버지 돈이 많이 들어간 건 사실이지만 회사를 세우고 사람을 뽑고 실제 방송을 만든 건 모두 나였다. 그 일이 잘못돼 여기 들어와 있긴 하지만 몇 가지 문제만 해결되면 금방 나가게 될 거다. 전과자 딱지 따위는 돈 앞에서 아무 문제도 되지 않는다.

내가 만든 방송은 고추 달린 남자라면 누구라도 푹 빠질 수밖에 없는 성인 엔터테인먼트의 총체였다. 내가 미국이나 일본의 방송을 보며 늘 안타까웠던 것이 우리나라 방송은 여전히 꼰대 기질이 있다는 점이었다. 고리타분하게 뭘 가르치려고 들거나 억지눈물을 짜내 별 같지도 않은 감동을 줘야 방송이 제 역할을 했다고 믿는 심한 착각에 빠져 있다. 촌스러운 수작이 아닐 수 없다.

솔직히 까놓고 말해야 한다. 남자는 섹스다. 예쁜 여자가 피부 면적이 많이 드러나는 옷을 입고 나와 여러 가지를 하는 모습을 싫어하는 남자는 없다. 심지어 여자도 흥미로워한다. 그런 방송을 많이 만들어야 우리 서민들이 이 더러운 한 세상 살아가는 피로라도 잠시 잊을 거 아닌가. 나 같은 사람은 직접 각종 업소를 통해 그런 욕구들을 효율적으로 해소하고 있지만 가난한 남자들은 어디 가서 그런 거 하기에는 살림살이가 빠듯하다. 나도 가끔 비싸다 싶은데 그분들은 오죽하겠는가.

만약 우리 아버지 같은 분에게 돈과 권력이 없다면 분명히 어디 가서 신문지상을 화려하게 장식하는 성범죄자나 어느 동네에 전설적인 성도착자가 되어 인생을 종 쳤을 것이다. 그러니까 TV에서라도 성적인 내용을 많이 보여주고 사회가 어떻게든 섹스를 풀어줘야 행복이 온다. 내가 여기 들어오는 바람에 내 방송국은 풍비박산 났지만, 나가서 자리만 좀 잡으면 이전보다 더 화끈한 스케일로 또다른 방송을 만들 것이다. 기대해도 좋다. 유나림 같은 여자를 아내로 맞이한 것도 기본적으로 내가 방송이나 연예계 쪽에 관심이 많기 때문이다. 다만 내 첫 번째 아내 유나림과의 불쾌한 다툼들을 떠올려보면 그쪽 여자들과 하룻

밤 이상의 관계를 갖는 건 절대적으로 사양하고 싶다.

아무리 망가진 사이더라도 아내가 바람을 피운다는 기사가 신문에 나는 걸 보는 기분은 그다지 좋지 않다. 박 장로가 의미심장한 미소를 지어 보인 지 며칠 후 신문에는 인기 남성그룹 '슈퍼마켓시니어'의 멤버 미투라는 놈과 유나림이 열애 중이라는 기사가 떡 하니 나왔다.

원인제공은 집에 잘 들어가지 않은 내가 했다고 해도 유부녀가 다른 남자와 물고 빨고 하는 사진이 신문에 나왔으니 그 파장은 대단했다. 씁쓸한 일이긴 하지만 박 장로가 일을 하는 데에는 별다른 어려움이 없었다고 한다. 내가 집을 나가자마자 유나림은 그 놈팽이와 스케줄을 맞춰 시간 날 때마다 만나며 별 짓을 다 한 모양이다. 이 여론을 몰아 박 장로는 인사치레 정도의 위자료를 지급하고 이혼 소송을 끝낼 생각이었다.

그러나 노발대발한 장모는 그냥 넘어가지 않았다. 유부녀가 불륜을 저질렀다는 곱지 않은 시선을 받아 이미 유나림은 어떤 경로로로든 재기불능. 그쪽은 더이상 잃을 게 없어서인지 오히려 막무가내였다. 국내가 아닌 해외의 심부름센터를 동원해 내 뒷조사를 해서 서류봉투가 터질 정도로 여자 사진을 수집해 죽어도 같이 죽겠다는 심보로 덤벼들었다. 박 장로는 최종담판에서 5억에 주택과 차량 제공까지 제안했으나 장모는 25억에서 물러나지 않았다. 나는 생각보다 강하게 밀어붙이는 장모의 공세에 다소 주춤했다. 그냥 달라는 대로 주면 어떨까 싶어 아버지에게 더러운 꼴 더 보지 말자고 했지만 우리 아버지, 아낄 때는 또 확실히 아낀다.

공적인 일로 해결이 안 되면 뒷골목에서 거사를 치를 때도 있는 법. 교회가 크고 은혜가 깊다 보니 아버지 주변에는 참 다양한 목사와 집사와 장로들이 있다. 그중 주목할 만한 경력을 가진 조 집사라는 분이 있었는데, 전과가 18범으로 폭력 15개에 공갈협박 3개의 별을 달고 있는 사람이었다. 이 양반이 기도를 할 때 팔뚝이나 목으로 살짝살짝 보이는 용 문신에 놀랐던 기억이 난다. 우리 아버지가 넓은 포용력으로 조 집사를 범죄의 늪에서 주님의 품으로 끌어들인 후 지저분한 일을 처리할 때 나서는 행동대장 역할을 맡기고 있었다.

조 집사는 다양한 경험을 통해 어떤 계층의 사람을 위협할 때는 어떤 방식을 써야 하는지 잘 알고 있었다. 그쪽 사람들이 가장 아끼거나 사랑스럽게 생각하는 걸 좀 괴롭혀주면 알아서 굴복한다는 게 조 집사의 논리였다.

"남자들이라면 X을 좀 때려주면 됩니다."

조 집사는 그렇게 말했었다.

박 장로를 통해 의뢰를 받은 그는 우선 장모와 유나림이 집에 있는지 전화를 걸어 확인한 후 대뜸 똥개 한 마리를 잡아 유나림의 집을 대담하게 찾아갔다. 조 집사는 유나림이 유기견 보호 홍보대사를 할 정도로 동물을 좋아한다는 사실을 알고 있었다. 택배를 가장해 문을 열게 한 후 장모와 유나림이 보는 앞에서 개를 때려 죽이고 배를 갈라 내장을 현관에 집어 던졌다. 그러면서 아마 이 정도의 대사를 날렸을 것이다.

"이 개새끼 처지가 되고 싶지 않지? 그렇다면 까불지 마. 무슨 말인지 알지? 오늘은 이쯤 한다."

사랑스러운 동물이 끔찍하게 죽는 모습을 본 두 여자는 그 자리에서 얼음이 됐다고 한다. 소송이고 뭐고 필요 없었다. 일은 술술 풀려 조 집사 덕분에 몇 억 들이지 않고 나는 돌아온 싱글, 돌싱이 되는 데에 성공했다. 역시 이 바닥에서 제일 확실한 스펙은 별이다. 별 열여덟 개면 일 처리는 확실하니 이런 쪽의 의뢰를 고민하는 분들은 해당 업체의 별 개수가 확실하면 주저하지 마시라. 변변히 인사 한번 못했는데 이 기회를 빌려 조 집사에게 고맙다는 인사라도 해야겠다. 조 집사님, 감사합니다. 졸라 땡큐! 나중에 누가 시켜도 나 때리면 안 돼요!

남편은 자기 아내를
버리면 안 됩니다.

고린도전서 7:11

#9

앞서 방송 얘기를 하면서 미국 얘기를 잠깐 했지만, 미국에서
는 이혼 안 하는 집안을 찾아보기 어렵고 결혼 두세 번 하는 건
그냥 일상이라고 한다. 선진국에서 많이 하는 건 다 이유가 있
어서다. 그런데 우리나라에서는 이혼 한번 했다 그러면 하자 있
는 인간으로 보는 시선이 있다. 열정적으로 사랑을 하는 남자
가 솔직히 평생 한 여자만 보고 살아가는 게 가능하다고 생각
하는가? 그건 삶에 대한 가식이다. 아니면 귀찮아서 그냥 사는
거고. 내가 꼭 결혼을 한 번만 한 게 아니라서 하는 얘기가 아니
라, 가슴에 손을 얹고 솔직히 생각해보자는 말이다.

첫 번째 결혼 이야기는, 앞으로 얘기할 두 번째 결혼에 비하면
비교적 조용히 끝난 편이다. 나는 최근까지도 두 번째 결혼에
얽힌 악몽을 꾼다. 이 부분의 이야기는 임산부와 노약자, 신앙
인에게는 들려주지 않을 생각이다.

두 번째 결혼 상대였던 주현아가 나를 찾아왔을 때, 나는 아버
지 돈을 뽑아와 여행사를 하나 차려 운영하고 있었다. 장사가

잘 됐는지 안 됐는지는 잘 모르겠고, 어쨌든 여러 가지 루트를 통해 통장에 뒷돈은 차곡차곡 쌓이고 있었다. 그녀는 인터뷰하러 온 출판사의 작가였다. 청년 실업가 육재준 사장의 일대기를 담은 책을 내겠다며 나를 찾아왔을 때 처음에는 별로 탐탁지 않았다.

"책을 내시겠다니 그건 참 기특한 일인데요. 내 이야기랄 게 뭐가 있어야 말이지."

주현아는 이것저것 내 편을 들어주며 나를 치켜세웠다.

"한국 교회 영적 지도자의 장남으로 태어나, 그 아래에서 리더십과 카리스마를 연마하고, 세계적인 여행사의 CEO로 성장한 육재준 사장의 일대기, 어떤가요?"
"카리스마! 우리 아버지 카리스마 죽이지. 목사 아들이 이혼한 얘기는 알아요?"
"그게 바로 드라마의 필수요소인 의외성이지요. 뻔한 이야기면 그렇잖아요."
"이 여행사도 아버지가 교회 돈을 끌어와서 지어준 건데, 그

나는 그녀의 자신감이 마음에 들었다. 그리고 무언가에 홀리듯 주현아와 작업을 시작했다. 그녀와 나는 인터뷰 명목으로 한 달하고도 열흘 동안 매일매일 만났다. 나는 고해성사하듯 내 인생을 그녀에게 털어놓으며 주현아에게 알 수 없는 친밀감을 느꼈다. 아무리 돈벌이로 왔다지만, 이제껏 내 이야기에 이렇게 귀기울여준 사람이 있었을까. 뭇 여자에게 나는 다음이고, 중요한 건 아버지의 재산이었다. 까놓고 말하건대 아버지의 똥물을 내려 받아 똥냄새를 풍기며 돌아다니는 내 인생 이야기는 그리 유쾌하게 들을 만한 성질의 것이 아니다. 한 시간만 들어도 '아이고 참 더럽게 사셨네' 하고 침을 뱉고 돌아서도, 딱히 할 말이 없다. 그러나 주현아는 내 이야기에 끝까지 집중했다. 그리고 내 이야기 간간이 자신의 인생도 덧붙였다. 그녀의 인생은 나에 비하면 특별할 게 없었다. 오로지 일만 보고 사는 워커홀릭이었다. 너무 일만 한 나머지 자신을 사랑한 사람을 받아주지 않아 그 남자가 자살했다는 얘기에는 나도 살짝 움찔했지만.

인터뷰 말미에 나는 주현아에게 완전히 반해버렸다. 내가 아버지를 닮은 것 중 하나는 앞뒤 재지 않는 탱크 같은 추진력이다. 인터뷰가 끝나는 마지막 날, 나는 주현아에게 프러포즈했다. 다짜고짜 결혼하자는 말에 주현아는 처음에는 거절을 했다.

"사장님, 나 프러포즈 참 많이 받아봤지만, 나는 사랑하는 누군가가 있어요."
"뭐라고? 아니, 애인 없다고 했잖아요.
"사랑하는 누군가는 바로 일이에요. 일에서 나 는 해방감, 또 자유를 느껴요. 나는 누군가의 인생에 농반할 사신은 없어요. 알잖아요. 첫사랑을 떠나보낼 수밖에 없었던 일들."
"당신을 놓치고 싶지 않아요. 당신의 첫사랑처럼 나도 당신을 얻지 못해서 자살한다면… 좋겠어요?"
"이러지 마세요. 나는 크리스천도 아니고, 사장님 아버지 어머니에게 예의가 아니에요. 나는 누군가에게 스트레스가 되고 싶지 않아요. 재준 씨는 첫 결혼 실패로부터 2년도 안 보냈어요. 힘들어하셨을 부모님에게 시간을 드리세요.”

나는 순간 박력 넘치게 주현아를 끌어안았다.

“이 책의 끝 부분을 내가 꼭 쓰고 싶어요. 그리고 나는 진실한 사랑을 찾았다, 그래서 영원한 여행을 떠난다, 이인삼각으로. 누구와? 이 글을 쓰는 대필작가와.”

내가 다시 생각해도 멋진 멘트다. 주현아는 여전히 망설이는 눈치였지만 나의 거침없는 대시에 마침내 결혼을 허락했다. 단 부모님의 허락을 받는다는 전제 하에. 나는 당장 아버지를 찾아가 결혼을 허락해달라고 말했다. 사랑에 빠진 나는, 갑자기 무척 순수해졌던 것 같다.

“그 여자, 영혼이 맑아요.”

아버지는 혀를 찼다.

"영혼 같은 소리하지 말고. 너 아무리 그래도 나는 목사고 우리 집안은 주님을 섬기는 집안이야. 걔 엄마는 보살이라며? 너 임마, 아무리 철이 없어도 보살 딸을 데려와서 결혼을 하겠다 그래?"

"결혼하고 교회 나가면 되잖아요."

"정 하고 싶으면 호적 파고 나가서 결혼하든지."

"그렇게 하면 얼마나 좋겠어요. 아빠 엄마보다 백 배는 깨끗한 여자라 여기 두고 싶지도 않아요."

아버지는 화를 버럭 내며 내 뺨을 후려쳤다. 아무리 우리 아버지라도 불교 집안 딸을 받아들이는 건 용납하기 어려웠던 모양이다. 그리고 내가 더 사고를 치기 전에 그날부로 힘 좋은 집사 몇 명을 동원해 나를 납치하다시피 비행기를 태워 파리로 보냈다.

원래 하지 말라면 더 간절해진다고 나는 주현아에 대한 연징을 불사르며 매일매일 전화통화를 했다. 그리고 어느 날 그녀가 파리로 떠나기 전 나와의 관계를 통해 임신했다는 사실을 알게 되었다. 처음에는 내 아이가 생겼다는 사실이 나를 흥분시켰다. 아버지가 된다는 걸 진지하게 생각해본 적은 별로 없지만, 주현아와 나 사이에 생긴 아이라는 게 중요했다. 나는 당장 주현아를 보러 가기로 했다. 그리고 느슨해진 감시망을 뚫고 서울행 비행기에 올라 주현아의 집으로 단숨에 찾아갔다.

아, 그런데 이럴 수가. 난 임신한 여자의 몰골이 어떤 것인지 본 적이 없었나보다. 내가 이제껏 본 주현아는 정장을 말끔하게 빼입고 단정하게 머리를 묶은 채 일에 열중하는 커리어우먼이었다. 그런데 그날 본 주현아는 화장기 없는 푸석푸석한 얼굴에 임신으로 부른 배, 폭탄 맞은 머리…. 도저히 내가 평생 책임져야 할 여자라는 생각이 들지 않았다. 한마디로 엄청나게 못생겼다는 말이다. 지금도 꿈에 그 몰골이 종종 나온다. 배가 풍선처럼 부풀어 올라 좀비같이 양손을 올리고 나에게 서서히 다가오는 여자…. 나는 그녀의 얼굴을 보자마자 잽싸게 공항으로 다시 도망쳤다. 경이로운 순발력이었다. 뒤에서 주현아가 내 이름을 간절하게 불렀는지 아닌지는 기억나지 않는다. 그리고 그게 내가 본 주현아의 마지막 모습이다.

남 해칠 생각을 품으면

제 꾀에 넘어가지만,

함께 잘살기를 꾀하면 즐거움이 돌아온다.

잠언 12:20

#10

"사장님, 너무 못됐다. 어쩜 그래요, 사람이?"

"뭘 또 너무 못돼."

"처음에는 영혼이 맑아서 좋아했다면서요? 그런데 임신해서 얼굴 좀 부었다고 도망을 쳐요?"

"민아도 관리 안 하면 알짤없어. 솔직히 남자가 여자 볼 때 제일 중요한 게 외모 아니냐?"

서울로 돌아와 다시 여행사 사장실로 복귀했을 때, 돌아온 날라리 사장에 직원들은 난처해하는 눈치였다. 나는 일단 비서부터 뽑았다. 우리 회사에 지원할 때는 입사지원서에 사진 붙이는 란을 엄청 크게 만들어 큼직하고 선명한 사진을 붙이게 했다.

예전에 같이 낚시를 하러 가서 아버지에게 들은 얘기가 있다.

"재준아, 우리 교회 전 장로 있잖냐."

"아, 라커 출신 전승배 장로요. 연예기획사 운영하다가 PD 성접대 건으로 감방 들어가셨잖아요. 나오셨나?"

"나왔지. 그 사람이 그러더라. 이런 애들로만 신인 선발한다고."

"어떤 애들이요?"

"첫 번째, 주변에서 헤프다는 평을 들어야 한다. 두 번째, 아버지나 어머니가 없거나 더 좋은 건 양친부모 모두 없어야 한다. 세 번째, 지방에서 서울로 올라온 애여야 한다."

"왜요?"

"그래야 자기가 컨트롤하기 쉽다는 거야. 컨트롤, 컨트롤, 무슨 뜻일까. 하하하. 음란하기 짝이 없는 몹쓸 전 장로, 음란마귀에 휘말린 전 장로, 하하하. 어이쿠! 월척이다!"

아버지의 용인술을 빌리자면 강민아는 '컨트롤'하기에 아주 적절한 여자였다. 지방에서 서울로 올라왔고 부모가 없었다. 헤프다는 평은 잘 모르겠지만, 그런 부분이 까다로워 보이지는 않았다. 올해 스물 넷의 꽃다운 나이. 플룻을 전공했다는 교양 있고 예의 바른 여자였다. 그녀는 글래머러스한 풍모에 완벽한 콜라병 몸매. 전형적인 내 스타일이다. 무엇보다도 나를 무아지경으로 만드는 겐조아무르 향수에, 보브 단발 커트에 볼륨 파마, 레드 그리고 체리 브라운의 투톤 컬러로 된 염색. 말이 필요 없는 내 스타일이었다. 나는 그날로 내 방과 비서실을 텄다. 그리고 강민아와 함께 일하는 박 부장, 미스 장을 총무국으로 발령냈다. 내 방에는 나와 그녀뿐이었다.

이후 우리는 급속도로 가까워졌고 전 아내에 대한 비밀스러운 얘기까지 솔직하게 나누는 사이가 되었다. 강민아는 주현아 이야기에 관심이 많았다. 주현아? 서울에서 그렇게 헤어진 후 조금 더 비극적인 사건으로 매듭지어졌음을 얘기해야겠다. 파리에서 몇 달을 더 보내고 있는데 베를린 집회로 유럽을 찾은 아버지가 파리까지 나를 찾아왔다.

"아버지 오셨어요?"

"먹고살 만하냐?"

"뭐 그렇지요. 아버지는 베를린 집회라면서 파리는 왜 오셨어요?"

"널 보러 왔다. 어떻게 너 같은 놈이 내 아들인지…."

"아, 왜요? 보기 싫은 놈, 비행기삯 들여 왜 오셨어요?"

"보살 딸, 니가 그렇게 결혼하고 싶다고 안달했던 애. 어떻게 됐는지 아냐?"

"왜요? 걔하고는 헤어졌는데…."

"헤어져? 니가 헤어지면 그걸로 끝이냐?"

"그 여자 이야기하지 말아요. 재수 없어요."

"사산했다."

나는 잠깐 머뭇거렸다.

"그… 그래요? 산모가 칠칠맞게… 원 참… 엄마 노릇도 못할 거면서 어처구니가 없네….”

"산모도 과다 출혈로 죽었다. 임신 중독증, 극도의 우울증. 이런 못돼 먹은 자식… 몇 억 줘서 입막음하느라 내가 얼마나 고생했는 줄 알아? 자식이 누구를 닮아서 사고나 뻥뻥치고 다니는지…."

누구를 닮았는지 알면서도 한탄을 하는 우리 아버지다. 이쨌든 그 사건은 나에게 적지 않은 충격을 주었다. 그 충격으로 파리에서 두 달이나 다른 여자를 만나지 않았으니까. 두 달이면, 나 육재준한테는 어마어마하게 긴 자숙기간이다. 사람에게 시간이란 상대적이라는 걸 강조하고 싶다. 자숙이 끝난 후 서울로 돌아와 납골당에서 주현아에게 인사를 하는 것으로 그녀와의 관계를 마무리했다. 이런 우울한 얘기를 듣는 강민아의 눈이 반짝반짝한 게 좀 의아하긴 했지만, 사람들은 다른 사람의 불행에 열광하기 마련이구나 싶었다.

나는 강민아의 환심을 사기 위해 인사권을 휘두르기로 했다. 박국장이 노조와 합의해서 들고 왔다는 승진 명단을 갈기갈기 찢어버리고 전부 승진 보류 처리한 후 강민아를 부장으로 임명했다. 입사 3개월차 직원을 부장으로 쓴다는 말에 난감해하자 조인트를 시원하게 까주었다. 나이가 들면 귀가 잘 들리지 않는 경우가 있어 가끔은 격렬한 방식의 소통이 필요하기도 하다.

그런데 내가 없는 사이에 회사가 어떻게 돌아갔는지, 사장과 비서의 은밀한 관계와 부당인사에 대한 불만으로 노조가 들고 일어났다. 예상하지 못한 일은 아니었기에 나는 별로 신경 쓰지 않고 근처 호텔로 피해 한숨 푹 자다가 강민아에게 결재 서류를 들고 호텔로 올 것을 지시했다.

"사장님, 저 왔습니다."
"그래, 왔어?"

"마음이 많이 안 좋으시지요."

"뭐, 그렇지. 민아 너 플룻 전공했다고 했나?"

"네."

"저기 보이지? 플룻! 한 번 불어 봐."

물론 플룻을 미리 준비한 건 나였다. 강민아는 내 앞에서 열심히 플룻을 연주했다. 연주가 끝나길 기다려 나는 말했다.

"노조의 주장은 일리 있어. 입사 3개월차 신입사원의 부장 임명. 스펙도 없고, 배경도 없고, 오로지 대졸 사원에 불과한데. 사실 좀 너무 했지."

"그러면…."

"긴장돼? 강민아 씨, 회사 그만둬."

"네?"

"대신 사장 부인이 되는 거야. 부장에서 부인이 되는 거지, 어때?"

이렇게 영화 같은 프러포즈도 별로 없을 거다. 사장쯤 되어야 이런 것도 할 수 있지 아마 어지간한 사람은 이런 분위기 연출

이 어려울 것이다. 거절할 수 없는 제안이었기에 강민아는 내 청혼을 받아들일 수밖에 없었다. 기특하게도 강민아는 결혼상대로 독실한 크리스천 집안을 원했다. 아버지는 처음에 좀 걱정하는 눈치였으나 흔쾌히 결혼을 승낙했다. 그렇게 나는 두 번째 결혼을 했다.

두 번째 결혼은 해피엔딩이냐고? 나 육재준의 삶에 해피엔딩은 그리 흔하지 않다. 강민아는 일을 꼼꼼하게 잘하는 데다가 입이 무거워서 결혼 후에도 이런저런 회사 일을 많이 맡았다. 내가 하는 회사 일이라고 해봐야 주로 비자금 관리 정도지만. 강민아와의 관계도 좋았다. 제 버릇 개 못 준다고 강민아와의 결혼 생활도 처음을 넘겨 조금 지루해지자 다른 여자와 밤을 보내고 오는 일이 잦아졌다. 그러나 그녀는 다 알면서도 항상 웃으며 내 외도를 눈감아주었다. 나는 그런 강민아가 더없이 사랑스러웠고 누구보다 신뢰했다. 그래서 수백 억 규모의 비자금 관리와 내역 등을 강민아를 통해 관리를 했다.

그러던 어느 날 일이 터졌다. 중국 출장 중에 갑자기 아버지에게서 전화가 걸려왔다. 아버지답지 않게 다급한 목소리로 전해

온 첫 번째 소식은 회사하고 아버지 집에 비자금 조성 관련 압수수색이 들어왔다는 거였다. 그 정도야 전에도 있었던 일이니 그러려니 넘길 수 있지만 문제는 비자금의 실체를 알린 사람이 누구냐는 거였다. 그걸 아는 사람은 비자금 전담 최 부장과 내 아내 강민아뿐이었다. 그런데 최 부장이 체포당했다니 남은 사람은 강민아였다.

여기서 끝이 아니다. 강민아가, 내가 평소 자주 만나던 룸살롱 마담과의 관계를 포착하고 간통죄로 나를 신고했다는 거였다. 그러면서 요구한 위자료가 무려 10억. 자, 더 충격적인 사실은 강민아가 죽은 전 아내 주현아의 한 살 위 언니라는 점이었다. 강민아와 주현아는 성이 다른데 무슨 소리냐고? 뭐, 성이야 바꾸면 그만이다. 내가 강민아의 주민등록등본을 떼어본 적도 없으니까. 강민아와 주현아가 자매 관계임을 믿는 데에는 많은 시간이 걸렸지만 아버지의 말은 모두 진짜였다.

그렇게 그녀는 할 수 있는 모든 것을 터트려 나와 아버지에게 타격을 주었다. 강민아, 아니 주민아와 관련된 문제를 해결하는 데에 아버지와 내가 들인 노력에 관해 일일이 설명하지 않겠다.

모든 걸 던져 동생의 죽음을 복수한 주민아에게 감동했냐고? 두 자매가 얼마나 가까웠는지는 잘 모르지만 나는 자기 몸을 더럽혀가며 혈육을 기리는 관계가 요즘 세상에 있다고 생각하지 않는다. 주민아는 그저 한 몫 벌 수 있는 좋은 기회를 동생을 통해 알고, 그걸 아주 멋지게 성공했을 뿐이다. 나는 그렇게 생각한다.

누구든지 결혼을 존중하고
잠자리를 더럽히지 마십시오.
음란한 자와 간음하는 자는
하느님의 심판을 받을 것입니다.

히브리서 13:4

#11

나는 이후로 결혼을 한 번 더 했다. 이번에는 무려 국제결혼이었다. 주민아와의 이혼 문제도 아직 해결되지 않았을 무렵, 아버지가 나를 불렀다.

"재준아, 나까무라 상이라고 일본의 내 제자가 있다. 그 외동딸이 있는데 지성과 교양이 넘친다. 한 번 만나봐라."
"아버지도… 지금 제가 이혼소송 중인 거 모르세요. 여자라면 학을 떼는 판인데."
"좋다. 그러면 연애는 하지 말고, 결혼해라."

나는 어이가 없었다.

"너의 잘못된 선택으로 수 억이 깨졌다. 이혼 소송 위자료, 사고 무마비, 내가 교인과 장로들 앞에서 고개를 못 든다. 이제 내 말을 들을 때가 됐다. 이미 다 나까무라와 이야기가 됐다. 식만 올리면 된다."
"제가 아버지 노예예요? 아버지가 하라면 다 해야 하냐고요."

"그러면 나는 너의 시다바리냐. 왜 니가 싼 똥을 내가 치우고 다녀야 하냐고? 오늘 소 변호사 보내서 주민아 그 여자애하고 10억에 이혼 합의했다. 이제 아버지가 점지해준 여자와 결혼해라. 어쩔 수 없다. 이거 봐라."

놀랍게도 아버지가 내민 건 청첩장이었다. 그 청접장에 적혀 있는 신랑의 이름은 나 육재준이었다.

"신부 이름은 츠보미다. 츠보미, 얼마나 예쁜 이름이냐. 그리고 너는 원나잇하던 여자들, 이름 다 외우냐? 이름을 외우며 연애하냐고! 자업자득으로 알고 살아라. 겸손할 줄도 알아야지."

결사반대했지만 누차 얘기했듯이 나의 인생은 아버지 안에 있다. 아버지가 원하면, 나는 벗어날 수가 없다. 어느 날인가 정신을 차려보니 나는 어느 못생긴 일본 여자와 함께 결혼식장에 있었다. 츠보미는 일본 성인비디오에 나오는, 특이한 성적 취향을 가진 남성들이 택할 만한 여자처럼 생겼다. 키가 작고, 얼굴은 계란 눕힌 듯한 호박형이고, 몸매는 별 볼일 없었다. 결혼식에 신부화장을 하고 나왔는데 오히려 화장이 가관이었다. 얼마나 큰 속눈썹을 달았는지 눈을 깜빡깜빡할 때는 부채 부치는 바람이 느껴졌다. 그러나 나는 어금니를 꽉 깨물었다. 결혼 두 번 실패했는데 세 번 못할 건 뭐냐면서.

신혼집은 도쿄에 있었다. 그냥 서로 말이 달라서 대화를 안 하고 살았으면 했지만 아쉽게도 츠보미는 한국어에 능통해서 끊임없이 말을 걸었다. 사람의 본능이란 참 무서워서 어떻게 살을 비비고 살다보니 결혼 몇 달이 지나자 츠보미가 임신을 하고 말았다. 그 당시 나는 내가 도대체 내 의지대로 살고 있는 것인지 스스로에게 되물어보곤 했다. 내 머리와 몸과 성기가 따로따로 노는 기분이었다.

이쯤 돼서 한 가지 비밀을 고백해야겠다. 그때 나는 제도적으로는 츠보미와 혼인 관계였지만 내 몸과 마음을 소유한 여자는 따로 있었다. 아이가 생겼다고 내 마음이 바뀌지는 않았다. 나는 한 달에 두 번쯤 집에 들어가며 마음 내키는 대로 살았다. 집을 나와서는 보통 서울행 비행기를 타고 한국으로 와 공덕동으로 갔다. 그곳에는 나의 오랜 내연녀 이지선이 나를 기다리고 있었다. 이지선을 만나기 시작한 시점에 대해서는, 변명이 필요하지만 별로 변명할 말이 없다.

나는 화가 이지선을 주민아와 막 사귀기 시작할 시점부터 만났다. 처음에는 고상한 취미도 갖고 돈세탁할 구멍을 만들어보려고 미술품을 사들이다 그림을 계기로 만났다가 급속도로 그녀에게 빠져들어갔다. 굳이 표현하자면 양다리였지만 내 기준에서는 특별한 일은 아니다.

다만 이지선은 2년이나 만나면서도 질리지 않는 매력을 가지고 있었고 내 인생에서 최장기간 교제한 여자다. 이지선은 아내를 포함해 내 주변의 여자가 넥타이처럼 바뀌는 인간 육재준의 인생을 뻔히 알면서도 나를 받아들여주었다. 물론 그녀도 니만 만나는 건 아니었다.

그런 이지선도 내가 아이를 가졌다는 소식을 듣자 냉담하게 반응했다.

"임신? 임신까지 시켰어? 그럼 우리, 그만 헤어져."

"뭔 소리야? 걔를 사랑해서 가진 애가 아니야. 나도 모르겠어. 어떻게 된 건지."

"그게 중요하지 않아. 알다시피 나는 결혼제도 자체를 혐오해. 또 자유연애자야. 하지만 나는 아빠 훔쳐간 여자가 되고 싶지 않아. 육재준 씨, 가정에 충실하세요."

"지선아, 너 웃기다. 부인 있는 남자여도 괜찮은데, 애 있는 남자면 안 돼?"

"내가 그랬거든. 우리 아빠, 엄마 버리고 좋아하는 여자에게 갔어. 그 여자 얼마나 원망했는데. 그런데 나보고 그 여자처럼 살라고? 못해. 가정으로 돌아가."

이지선이 나를 버리는 걸 견딜 수가 없었다. 나는 충동적으로 소리쳤다.

"야, 이지선, 그 애 없애면 돼?"

"뭐라고?"

"한 번의 실수야. 실수! 암, 실수라고!"

그녀와 아웅다웅하고 있을 때, 이 목사에게 연락이 왔다. 사실상 서울에서 먹고 자는 내 소식을 듣고 아버지는 이 목사를 나에게 보낸 것이다. 전혀 만나고 싶은 마음이 없었지만 나는 아버지의 집요함을 알고 있기 때문에 일단 이 목사가 있는 약속장소로 나갈 수밖에 없었다. 이 목사는 피곤과 짜증이 겹친 얼굴로 나를 기다리고 있었다.

"제가 뵙자고 한 건, 다시 도쿄로 돌아가시라는 아버지 뜻을 전하기 위해섭니다."

"아버지에게 전해주세요. 제 영의 아내 지선이를 인정하라고요."

"육 선생님, 이러시면 곤란합니다. 아버지의 뜻을 받아주세요."

"목사님은 아버지 잘 아시잖아요. 왜 저렇게 나까무라하고 사돈을 맺은 겁니까?"

"그걸 제가 어떻게 알겠습니까. 나까무라 장로는 목사님을 영적 아버지로 알고 따르는 분으로 알고 있습니다."

"영적 아버지라… 제가 알기로 나까무라라는 인간하고 아버지랑 두 살 차이인데 영적 아버지보다는 영적 형이 낫지 않나요.”

“뭐 그게 나까무라 본인이 한 이야기니까요.”

“나까무라가 원한 겁니까?”

“아무튼 저는 잘 모릅니다.”

나는 호리호리한 몸매의 이 목사를 위협하듯 고개를 바싹 들이밀었다.

“이 목사, 나한테 숨기는 게 있는 것 같은데, 숨기다 걸리면 죽는다. 바른대로 이야기해. 나, 이렇게 그냥 안 넘어가.”

이 목사가 움찔하더니 주위를 둘러보고 조심스럽게 입을 열었다.

“육재준 선생, 어디 가서 말씀은 마십시오. 나까무라에게는 홀로된 여동생이 있습니다.”

“홀로된 여동생?”

“목사님이 이 여동생에 대해 각별한 애정이 있습니다. 육 선생님, 그런데 이거, 이거 목사님께 말씀하시면 안 됩니다. 저

잘립니다. 큰일 납니다."

그런 거였다. 나와 억지로 결혼시킨 여자의 고모가 아버지의 애인이라는 말이다. 그래. 이 이야기의 주인공이 결국 육봉기 목사라는 점을 잊어서는 안 된다. 내가 친 사고를 뒤에서 수습하느라 피곤한 아버지 같아 보이지만 뒤에서 열심히 스스로의 육욕을 챙기는 남자. 정력에 좋다는 소불알이라도 100개쯤 까 드셨는지 환갑을 넘겨서도 지칠 줄 모르는 성욕의 화신.

이 목사를 중심으로 캐본 사건의 전말은 이렇다. 육봉기 목사는 일본에서 아끼꼬라는 일본인 집사를 만나 안타깝게도 또 사랑에 빠진다. 아끼꼬는 남들이 봄에 벚꽃을 보며 기뻐할 때 순교한 선교자들을 떠올리며 눈물짓는 신앙심이 깊고 순수한 사람이었다.

아버지는 이 신앙심을 이용해 아끼꼬에서 축복기도를 하고 싶다며 나까무라를 먼저 보내고 그녀를 호텔방으로 유인했다. 위대한 영적 지도자가 기도를 해준다는데 이를 거절할 사람이 몇이나 있겠는가. 많은 여자들이 그랬듯이 아끼꼬도 고개를 갸우

뚱하면서도 기도를 하기 위해 방 안으로 들어섰다.

여자가 방 안으로 들어오면 아버지만의 특별한 기도를 위해 해
야 할 일이 있다.

"이제는 누워 보시오."
"눕는다는 건 왜…."
"몸 속에서 잠복해 있는 원수마귀의 영을 모두 쫓아내기 위
해섭니다. 최소한의 복장만 필요합니다. 속옷만 남기고 반
듯하게 누우세요."
"알겠습니다."
"오, 순결케 하시는 성령이시여, 이 자매 조상 대대로 내려오
는 저주와 악령들은 갈지어다! 나사렛 예수의 이름으로 명
하노니 떠나가라! 가라! 떠나가라!"

아버지는 살벌하게 여자를 때린다. 여자가 정신을 못 차릴 때쯤
이 바로 하이라이트가 시작되는 순간이다.

"자매님, 이제는 몸에 성령의 기를 불어넣겠습니다. 눈 꼭

감고 기도하십시오. 손은 절대 쓰지 마십시오. 성령의 기운이여, 들어갈지어다! 들어갈지어다!"

"목사님, 그건… 이건 아닌 것 같습니다."

"손 쓰지 말라고 했어! 손 쓰지 마! 사탄이 틈탄다고!"

성령의 기운을 왜 여성의 거기로 넣어야 하는지에 대해, 나는 성경 공부가 부족해 잘 알지 못한다.

형상이 생기기 전부터 당신 눈은 보고 계셨으며
그 됨됨이를 모두 당신 책에 기록하셨고
나의 나날은 그 단 하루가 시작하기도 전에
하루하루가 기록되고 정해졌습니다.

시편 139:16

#12

내 출생 자체가 불행이라면 할 말이 없지만, 내 인생 대부분의 불행은 아버지로부터 출발한다. 세 번째 결혼도 예외가 아니다. 아버지는 아끼꼬와 지속적으로 만날 빌미를 만들고 일이 잘못되더라도 말이 나오지 않도록 츠보미와 나를 정략 결혼… 아니 정욕 결혼 시켰던 것이다. 내가 서울과 도쿄를 오가며 이지선과 츠보미 사이에서 옥신각신하는 그 순간에도 아버지는 아끼꼬를 불러내 호텔을 돌며 둘만의 기도에 열중하고 있었다. 일본을 너무 자주 가는 것을 수상쩍게 여긴 어머니에게 들통날 것이 뻔한 거짓말을 하면서.

문제는 나라는 인간이 아버지가 예상한 것 이상으로 방탕했다는 점이었다. 독수공방하는 딸을 보다 못한 나의 장인 나까무라는 참지 못하고 이 목사를 찾아갔다고 한다. 그리고 이 목사와 작지 않은 말다툼을 벌였다.

"집사님, 이 목사입니다. 저를 찾으셨다고요."
"명색이 사돈이지만 워낙 거물이라서 만나기 힘들군요."

"아시잖습니까. 바쁘신 걸."

"단도직입적으로 말씀드리죠. 육봉기 목사님의 말씀과 기도에 감화감명을 받아 교회에 나오게 됐고, 헌금도 많이 했고, 그게 계기가 돼서 목사님과 사돈이 됐습니다만, 실망이 이만저만이 아닙니다."

"그게 무슨 말씀이신가요."

"우리 딸한테 이럴 수 있습니까? 이른바 사위라는 사람이…."

"무슨 일이 있었던 모양이군요."

"우리 딸이 예쁘지는 않지만, 똑똑하고 착하게 길렀습니다. 그런데 못생겼다고 노골적으로 무시하는가 하면, 외도를 마치 자랑처럼 떠들고 다닙니다. 자신의 개인 홈페이지에 애인과 사진 찍은 걸 올려놓고… 이게 있을 수 있는 일입니까?"

"고작 그 일 갖고 육봉기 목사님을 만나려고 하셨습니까? 그건 육재준 군에게 직접 하셔야지요."

"육재준 군은 전화를 안 받고, 그래서 육봉기 목사님을 만나려 했던 것 아닙니까? 제3자인 이 목사님에게 왜 이런 이야기를 하는지 모르겠습니다만. 아, 그것도 그렇지만 고작 그

일? 이건 일도 아닌 모양이군요. 놀랍습니다. 좋습니다. 그건 그것대로 인정하지요. 그리고 목사님이 제 동생을 성추행하셨습니다. 걔가 어려서 남편을 여의고 평생 과부로 살았지만, 신앙만은 순수하고 심성도 따뜻합니다."

"성추행이라니요? 안수 기도가 성추행이 됩니까?"

"성추행 맞습니다. 부적절한 관계까지 가셨습니다."

"집사님, 영적 교제를 부적절한 관계라니 무슨 말을 그렇게 하십니까?"

"영적 교제? 천벌받으실 말씀입니다."

"천벌받다니, 아니, 신하 우리아의 아내 밧세바와 잠자리를 같이했던 다윗왕 보세요. 축복받았습니다. 집사님, 성경공부가 필요할 것 같습니다."

너무도 당당한 이 목사의 말에 나까무라는 할 말을 잃었던 모양이다.

"이야기가 길었습니다. 일단 이거 받아두십시오. 목사님께서 사돈어른께 식사비라도 드리라고 주신 봉투입니다. 기도하면서 늘 감사하는 삶을 사십시오."

미래를 준비한 아버지와 이 목사의 말발로 나까무라는 돌려보냈지만 상황은 또다시 종잡을 수 없이 흘러가기 시작했다. 그 혼돈의 중심에는 내가 있었다. 이 목사의 회유를 듣고 도쿄로 돌아온 내 머릿속에는 오로지 이지선밖에 없었다. 그리고 나와 이지선 사이를 가로막고 있는 저 츠보미라는 못생긴 여자와 악마 같은 핏덩이를 박살 내야 한다는 생각뿐이었다.

"야. 한마디만 하자. 너 애 지워라."

"애를 지워요? 낙태하라고요?"

"우리가 사랑해서 결혼했냐? 그 애도 실수로 생긴 거니까 낳아봐야 너나 나나 아기 모두 불행할 게 분명해. 지워라. 수술, 입원 하여간 들어가는 돈 다 챙겨줄 테니까."

츠보미는 단호하게 저항했다.

"안 돼요. 아이를 지울 수 없어요."

"야, 너 지금 아기로 팔자 고치려고 하는 거냐? 그래 봐야 소용없어. 너는 계속해서 내 마누라가 될 수 없다니까."

"재준 씨, 우리는 목사님 가정이에요. 저는 목사님 며느리로

"목사 가정? 허! 너한테 그게 특별한 의미일지 모르겠다. 그러나 나에게는 위선과 가식의 결정체야. 내 아버지, 난봉꾼이야. 오대양 육대주에 첩이 있어. 몰랐지? 그 아버지의 그 아들이야. 나 같은 쓰레기에서 벗어나는 게 너한테 도움이 될 거다. 충격이냐? 표정 보니까 충격이네. 현실을 직시해. 이건 우리집의 일상이야."

역시 모든 이야기는 진솔하게 내뱉을 때 설득력이 생긴다. 자신이 악마의 굴 속에 들어와 있다는 걸 깨달은 츠보미는 안색이 창백해졌지만 끝까지 아이를 지우는 것에는 동의하지 않았다. 그런 모습에 나는 잠시 이성을 잃었던 것 같다. 정신을 차려보니 츠보미는 의식을 잃은 채 쓰러져 있었고 나는 아내의 배를 발로 걷어차고 있었다.

정신이 든 나에게 남아 있던 인간성이 나로 하여금 병원에 전화를 걸게 만들었다. 츠보미가 병원에 실려가고 나는 곧장 서울에 있는 부모님에게 소환됐다. 아버지는 나를 보자마자 다짜고짜 뺨을 때렸다.

"이런 개새끼, 니 자식을 갖고 있는 여자를 때려?"

어머니가 깊은 한숨을 내쉬었다.

"재준아, 너 세 번째 결혼이다."
"아이고 육봉기 목사님, 황옥림 사모님, 두 분이 모처럼 불심으로 대동단결이시네. 내 평생에 두 분한테 협공을 다 받네."
"뭐야, 이 새끼야?"
"순 애비를 닮아서, 육재준, 너 벌 받아!"
"엄마, 엄마나 잘하세요. 오죽 엄마가 여자 같지 않으면 아버지가 겉돌겠어요?"

어머니도 나를 한 대 때렸다.

"이런 개새끼, 이게 입만 열면 매를 벌어!"
"이 애비 에미가 더이상 여자 문제로 니 뒤치다꺼리 할 일 없다. 이혼은 더이상 없고. 알았어? 당장 츠보미에게 가! 가서 싹싹 빌라고!"

"그 지선인가 하는 년하고 안 헤어지면, 그년 내가 요절내고 말 거야."

"아버지가 흠 많은 거 맞다. 부끄럽기도 하다. 그러나 가정은 모든 것의 근본이야. 나는 엄마 앞에서 허물 많은 사람이지만, 이 가정을 지키기 위해 애썼다. 애 지우라고 강요하고, 말 안 듣는다고 때리고, 이런 망나니짓은 안 했다고!"

"아, 이거 정말, 눈물 없이는 볼 수 없는 잉꼬부부의 이중창이네."

"그년 전화번호부터 대!"

"엄마, 아버지가 왜 저렇게 츠보미에게 집착하는지 아세요?"

"집착이라니! 아내에게 도리를 하는 게 어떻게 집착이야?"

"츠보미 고모가 아버지 새 애인이에요."

"뭐라고?"

아버지의 안색이 급속도로 창백해졌다.

"야, 이 후레자식아, 너 지금 뭐라고 했냐? 골프채 어딨어? 이게….”
"아버지, 아버지 인생하고 내 인생, 서로 엮지 맙시다. 아버지 욕정을 채우려면 아버지 힘으로 하셔야지, 왜 나를 끌어들여요. 자, 저는 이 집안 영적 호적에서 파갑니다. 다시는 연락 마세요. 바이바이.”

나는 진심으로 이 집안과 결별할 생각으로 문을 박차고 나왔다. 뒤에서 어머니가 '성병 걸린 새끼가'를 시작하는 소리를 들으며. 그 길로 바로 이지선에게 달려갔고 내 꼴을 본 그녀는 대충 상황을 짐작했다. 그리고 츠보미가 낳은 아이를 어떤 식으로든 책임지고 키운다면 나를 만나주겠다며 마지막 기회를 줬다. 나는 다시 그 지긋지긋한 도쿄행 비행기를 타고 츠보미를 찾아갔다.

그러나 도쿄의 신혼집에서 나를 기다리고 있는 건 츠보미의 한글 편지 한 장이었다.

"육봉기 목사님의 큰 아들 재준 씨. 당신을 만나 혼약을 맺을 때에, 나에게 꿈이 있었어요. 목사님 가정 며느리가 되면, 믿음의 가정을 세워 남편을 비전의 사람으로 만들고, 자녀를 믿음의 일꾼으로 키우는 거였어요. 당신 보기에 모든 게 위선이고 가식이겠지만요. 나, 당신을 떠납니다. 그러나 태중 아기는 포기 못해요. 이 아기는 하나님이 주신 선물이니까요. 당신을 만나 행복한 적은 단 한시도 없지만, 이 끔찍한 시간조차 하나님의 깊은 뜻 안에 있음을 신뢰하겠습니다. 상처 받은 당신, 당신을 위해서도 기도할게요. 이게 내 방식의 복수입니다."

츠보미의 행방을 찾아 돌아다녔지만 그녀를 찾을 수가 없었다. 그렇게 몇 달이 지난 후 일본과 한국을 오가며 방황하던 나는 츠보미가 죽었다는 소식을 들었다. 츠보미는 사람들이 알아보지 못하도록 삭발을 하고 거지처럼 이곳저곳을 떠돌아다니며 살다가 공중화장실에서 애를 낳았다고 한다. 산고 끝에 그녀는 죽었고 아이는 기적적으로 구조됐다. 그 아이는 나까무라를 거쳐 아끼꼬의 품으로 돌아갔다.

츠보미가 어떻게 비참하게 죽었든, 나는 별로 개의치 않았다.

나에게 필요한 건 여전히 아이였다. 이지선이 나를 받아줄 수 있는 유일한 열쇠가 아이였으니까. 나는 츠보미의 빈소에 들러 인간의 마지막 도리로 고개를 숙인 후 곧바로 아끼꼬를 찾아갔다. 아기를 돌보고 있던 아끼꼬는 나를 알아보고 소리를 질렀다.

"니가 어딘데 여기를 와? 안 나가?"
"고모, 미안합니다. 딱 1분만, 딱 1분만 이야기할 시간은 주세요. 저 지금 츠보미 빈소에 갔다 왔어요."
"미친 놈! 썩 꺼져!"
"츠보미에게 사과했어요."
"그 이야기가 입 밖으로 나오냐?"
"아기는 건강한가요?"
"왜? 애비라고 행세 좀 하고 싶은 거야? 너 같은 사람한테 어떻게 이런 천사 같은 아이가 나왔는지 모르겠다."
"고모, 제 이야기 좀 들어보세요. 츠보미한테 죽을 죄를 지은 거 맞아요. 저, 정말 쓰레기예요. 그런데 집을 나갈 줄은 몰랐어요. 아기 주세요. 제가 키울게요."
"엄마에게 애 지우라며 닦달하고 심지어 때린 너한테?"
"이제 아버지 노릇 제대로 하려고요."

"천지가 개벽할 일이다. 가. 더이상 오지 마."

나는 완고한 그녀에게 아이를 빼앗을 수 없었다. 내가 돌아갈 곳은 이지선의 집밖에 남아 있지 않았다. 나는 일본을 떠나 한국으로 돌아왔다. 하지만 이지선은 빈손으로 온 나를 받아주지 않았다.

"그래서 아기는 못 데려왔다?"
"지선아, 니 애도 아닌데 왜 데려오라고 하는 거니? 내가 꼴도 보기 싫은 사람, 일본까지 찾아가서 만나고 애원하느라 얼마나 힘들었는지 알아?"
"육재준 씨, 나는 그 아이에게 책임이 있는 사람이야. 당신이 아버지라면, 또 애 엄마가 임신한 동안 당신과 사귄 나라면, 그 아이, 외면하고는 살 수 없어. 그게 바로 염치라고 하는 거고."
"아, 나한테 너무 많은 걸 요구하지 마. 문 열어줘. 나 피곤해. 맥주 좀 있냐?"
"사람 좀 고쳐 쓰려고 했는데, 당신 정말 구제불능이네. 돌아가세요. 그리고 연락하지 마시고요. 그리고 저 이지선 잊

화가 나면 또박또박 존댓말을 쓰는 버릇이 있는 이지선은, 단호하게 현관문을 닫고 나를 내쫓았다. 적어도 여자 문제에 있어서 항상 안 되는 건 되게 했던 나도 이상하게 그녀 앞에서는 꼼짝도 할 수 없었다. 나는 부질없이 이지선의 문을 두드리다 돌아섰다. 그리고 다시는 그녀를 만나지 못했다.

내가 들쑤시고 난 후 아버지와 아끼꼬 사이에도 문제가 생겼다. 자신을 성추행한 목사와 츠보미를 죽음으로 몬 난봉꾼 아들이 있는 집안과 더이상 관계를 맺고 싶지 않았던 아끼꼬는 아버지와 충돌한 끝에 헤어졌다. 우리 아버지는 자기가 차면 섭섭하지 않게 보상을 해주지만, 자기가 차이면 가만 있는 분이 아니다. 치사한 방법도 서슴지 않는다. 아버지가 세운 교회 복지재단의 직원으로 일하고 있던 아끼꼬를 해고해버린 것이다. 나까무라 역시 아버지와의 인연을 근거로 이름만 걸어놓고 출근은 안한 채 월급을 받아가고 있었지만, 아버지와 아끼꼬와의 관계가 틀어지며 그 또한 직장을 잃었다.

나는 책을 즐겨 읽지는 않지만 아버지에게 꼭 맞는 명언이 하나 있기에 소개하려 한다. 사람들은 가벼운 탄압에는 저항할 마음이 생기지만 어마어마한 탄압에는 그저 냉소만 한다. 아버지의 권력 앞에 그들은 무기력했다. 아버지는 자신의 직장에서 그들을 내쫓은 데에 그치지 않고 일본 내 모든 인맥과 돈을 총동원해 그들의 취직을 막았다. 어차피 나까무라와 아끼꼬는 배운 게 교회 일이라, 어디 다른 데에 가서 일하기도 어려운 형편이었다.

갓난아이를 키우는 50대 여자가 돈도 못 벌고 얼마나 힘들었겠는가. 눈물 없이는 볼 수 없는 광경이었다. 이건 인권적인 차원에서라도 누군가 나서야 할 일이기도 했다. 그래서 누가 나섰냐고? 바로 나다. 발길 닿는 대로 걸어 도착한 곳이 아끼꼬의 집이었다. 나는 아끼꼬의 집으로 찾아가 분유값을 좀 보태주었다. 처음에는 눈을 흘기던 그녀도 끝내 나를 받아들일 수밖에 없었다. 나는 아끼꼬와 3개월 정도 집에서 같이 살며 아이를 같이 봤다. 애를 키워본 건 처음이지만 이게 아빠 노릇이구나 하는 생각이 들 정도로 나름의 재미가 있었다.

아끼꼬와 장도 같이 보고 밥도 매번 함께 먹으면서 아끼꼬가 나

이답지 않게 참 얼굴이 곱다는 생각을 했다. 저러니 아버지가 정신을 못 차렸구나. 그러하다 어떻게 되었냐고? 놀랍게도 나는 그만 아끼꼬와 남자와 여자 사이의 관계를 맺어버렸다. 평소에 그다지 연상에는 취미가 없었는데도 말이다. 남녀가 같이 살면 흔히 벌어지는 일이고, 그저 순리대로 풀어나가다 보니 일어난 일이다. 정리하면 아버지와 나는 구멍동서가 된 셈인데 이게 무슨 개족보냐고? 아버지의 말을 인용하면 나는 개의 아들이 아닌가. 원래 그런 거다. 너무 심각해지지는 말자.

너희가 그들을 괴롭혀
그들이 나에게 울부짖어 호소하면,
나는 반드시 그 호소를 들어주리라.

출애굽기 22:22

#13

아끼꼬와의 육아놀이도 금방 시들해져 나는 어느 날 훌쩍 일본을 떠나 한국으로 돌아왔다. 쌍욕을 퍼부으며 영원히 갈라설 것같이 싸웠던 부모님과도 화해해 나는 또 어중간한 회사를 하나 차려놓고 각종 여자를 섭렵하며 어제와 다를 바 없는 오늘을 보내고 있었다. 그러던 중 아버지 쪽에서 또 심상치 않은 소식이 들려왔다.

아버지는 나이가 드신 후로 주변의 눈치도 그렇고 특히 어머니의 감시로 인해 가까운 여자를 건드리는 것은 자제하는 눈치였다. 그런데 순간의 성욕에 항심을 잃으셨는지, 교회에서 일하는 자기 비서를 건드린 모양이었다. 자랑스러운 우리 아버지. 비서를 건드린 이유도 황당하다. 아버지 옆에서 꽤 오랫동안 일한 문 비서라는 여자가 있는데 상당한 미인이었다. 문 비서가 결혼을 하게 돼 아버지에게 주례를 부탁하러 가자 아버지는 대뜸 '경험도 없이 남자를 만나서 괜찮겠느냐'고 물었다. 문 비서는 고등학교 때 순결서약을 한 후로 남자와 일절 관계를 갖지 않은 상태였던 것이다. 그러면서 첫날밤에 어색하지 않도록 문 비서에게 성교육을 시켜주신 모양인데, 그 과정에서 상의와 속옷을 벗기고 목사가 해서는 안 될 일들을 한 것이다. 막장 인생을 사는 내가 봐도 그런 거를 하시려면 진작 하시든가, 결혼을 한다니까 남 주기가 아까우셨는지 굳이 그 자리에서 남의 가슴을 더듬을 이유가 무엇인지 모를 일이다. 아버지는 성자이기에 인간의 논리로 이해할 수 없다고 치자.

이상의 사연은 하늘처럼 섬기던 목사님에게 뜻밖의 일을 당한 문 비서가 울면서 이 목사를 찾아가 한 이야기를 전해 들은 것이다. 문 비서는 이 목사 외에 교회에 있는 여러 장로들을 찾아다니며 성추행 사실을 알렸지만 돌아오는 대답은 똑같았다. 기독교적으로 해석하자면 하나님이 영적 지도자인 육봉기 목사를 축복하기 때문에 그분을 슬프게 할 수 없다는 말이었다. 인간의 말로 다시 풀어보면 '그 사람이 나를 먹여 살리는데 이 건방진 년이, 닥치고 교회를 떠나라'라고 보면 되겠다. 문 비서는 교회를 떠돌며 이 사람 저 사람 붙들고 울다가 제 풀에 꺾여 교회를 떠났다. 어떤 문제가 생겼는지 결혼하려던 남자와도 잘 안됐다는 소문이 들려왔다.

문 비서를 건드렸는데도 별일이 없자 아버지는 다시 대담해졌다. 문 비서의 뒤를 이은 불운한 여자는 문 비서와 함께 일하는 구 비서였다. 문 비서와 마찬가지로 기독교적인 신실한 삶을 살며 서른 살이 되도록 남자 한 번 못 만나본 구 비서는 어느 날 훌쩍 떠난 문 비서에 대해 걱정하고 있었다. 교회에 뭔가 불편한 기운이 돌았지만 문 비서와는 연락이 되지 않고 목사와 장로들은 일절 말을 하지 않았다. 그런 와중에 아버지는 구 비서에게 새벽 예배를 마치고 자신이 묵고 있는 호텔에 들를 것을 지시했다. 그리고 그 호텔에서 아버지가 구 비서와 어떤 일을 했는지는 나중에 방송과 경찰 조사를 통해 아주 구체적으로 밝혀지게 된다.

그러게 아버지, 적당히 하셨어야지. 세상이 바뀌어서 예전처럼 호락호락하게 입을 다무는 사람이 없다. 'FD수첩'이나 '추적 6분'에 자기 이름이 나온다는 사실을 알고 아버지는 꽤 놀라셨을 것이다. 문 비서와 마찬가지로 이 목사를 포함해 교회 여러 사람에게 호소한 끝에 아무 소용이 없다는 사실을 깨달은 구 비서는 교회를 그만둔 것에 그치지 않고 언론에 이 사실을 찔러버렸다. 재미있는 건 처음 언론에 육봉기 성추행 건이 공개되었다는 소식을 접한 교회의 목사와 장로들이 가장 궁금해했던 게 '어떤 사람에 대한 성추행인가'였다는 점이다. 워낙 많으니 어디서 터진 건지 한 번에 감이 안 잡혔다는 말이다.

다급해진 아버지는 구 비서에게 전화를 걸어 달래보려고 했지만 'FD수첩'은 이를 예상하고 이미 함정을 파놓은 상태였다. 구 비서에게 한 아버지의 전화는 고스란히 녹음되어 방송을 탔다. 통화 내용은 성추행 사실을 인정하라는 구 비서의 추궁과, 한국과 세계 기독교를 위해 네가 한 번 참아달라는 아버지의 눈물 없이는 볼 수 없는 구걸이었다. 방송에서는 구 비서의 성추행 사실을 적나라하게 폭로하면서, Y모 목사의 성추행이 이번이 다가 아닐 것임을 강하게 암시하며 끝이 났다. 구 비서가 문 비서의 성추행 정황까지 눈치를 채고 제보했던 것이다.

방송에서 밝혀진 대로라면 육봉기 목사는 자신의 지위를 이용해 은밀한 곳으로 여비서를 불러내 옷을 벗기고 강간을 하려다가 잘 되지 않자 '이거라도 해라'라면서 구강성교를 강요, 성기를 입에 물리는 등 각종 성스러운 행위를 했다. 빼도 박도 못한 입장에 처한 아버지는 죄 없는 교회 홍보실장의 조인트를 까서 내쫓고 우선 신도들의 민심부터 추슬렀다.

"성도 여러분, 지난 주 텔레비전 보시고 얼마나 놀라셨습니까. 제 비서의 가정형편이 매우 어렵고 급전이 모자랐는데, 해외 성회가 바빠 미처 챙기지 못했습니다. 그래서 저를 허위 사실로 협박하고 괴롭히는데, 제가, 내가 죽어줄 테니 우리 교회와 한국 기독교를 위해서 분탕질을 하지 말라고 했습니다. 다 제 잘못입니다. 제가 무릎 꿇고 사과하겠습니다."

아버지의 눈에서 눈물이 철철 흘러내리면 교회 안은 눈물바다가 된다. 아버지의 혓바닥 덕분에 교회 안의 지위는 흔들림이 없었지만 언론은 대형교회 목사의 성추행 스캔들을 심각하게 다루고 있었다. 아버지가 집회에서 발언한 이후 구 비서는 시사 프로그램의 전화 인터뷰를 통해 육봉기 목사의 발언은 거짓이며 본인은 돈을 요구한 적이 없음을 밝혔다.

아버지에게 다행스러웠던 점은 구 비서에게는 성추행을 당했다는 물증이 없다는 사실이었다. 'FD수첩'의 함정에 걸려 녹음 당한 전화통화 내용에서도 '용서해달라'는 말뿐 성추행을 했다고 시인한 부분은 없었다. 구 비서는 자신만이 아니라 문 비서도 성추행을 당했기 때문에 문 비서가 증언을 한다면 확실한 것이 아니겠냐는 입장이었다.

그리고 때맞춰, 해외에 있다가 인천공항을 통해 입국한 문 비서가 기자회견을 열고 육봉기 목사 성추행 사건에 관한 자신의 입장을 밝히겠다고 언론에 알려왔다. 당시에 도처에서 아버지 이야기가 빵빵 터지니, 가족 간에 굳이 안부를 묻지 않아도 될 정도였다. 불쌍한 아버지. 문 비서가 기자회견으로 자신의 심장에 대못을 박을 줄 알고 얼마나 걱정하셨겠는가. 그런데 놀랍게도 문 비서는 모두의 예상을 깨고 기자회견에서 자신은 아버지에게 성추행을 당한 적이 없다고 밝혔다. 아버지는 환호성을 질렀고, 여론은 단숨에 역전됐다. 아버지가 문 비서에게 뒷돈이라도 찔러줬나고? 아버지는 문 비서의 귀국 자체를 예상하지 못하고 있었다. 문 비서가 스스로 아버지를 비호해준 것이다.

아버지는 문 비서가 너무 기특해 당장 교회로 불러들여 홍보실장 자리를 주었다. 아버지와 문 비서는 교회 일만 하지 않고 사적인 일도 많이 한 것으로 보인다. 아버지가 문 비서 칭찬을 하며 '나를 굉장히 몰입시키는 여자'라는 말을 했기 때문이다. 아버지가 몰입하는 게 그 짓 말고 뭐가 있을까?

아버지 뒤를 봐준 것도 모자라 성접대까지. 아버지 입맛대로 척척 풀리는 모양새가 아무리 봐도 수상쩍어 나는 문 비서를 불러내 따로 만났다. 오랜만에 본 문 비서는 정숙한 복장으로 얌전히 앉아 커피나 배달하던 예전의 모습과 완전히 달랐다. 화장이 짙어졌고 머리는 세련된 커트머리였다. 촌스러운 치마 대신 다리에 찰싹 달라붙는 바지를 입고 있었다.

"장로들 찾아다니며 성추행 피해를 호소하더니, 갑자기 가해자의 대변인으로? 이거 너무 심하잖아요."
"변화무쌍함이 여자 셋을 차례로 버린 육재준 사장님만 할까요? 사랑이 어떻게 변합니까?
"하긴 저에 비해 아직은 좀 부족해 보입니다. 그러다보니 아버지가 문 비서한테 속고 있는 게 보여요. 무슨 꿍꿍이에요? 크게 한번 해먹으시려고?"
"늘 자신이 아버지를 이긴다, 앞선다 생각하시네요. 누가 그

찝찝한 마음으로 문 비서와 헤어진 지 며칠 후, 구 비서 쪽에서 일이 다시 터졌다. 꽃뱀으로 몰려 이대로 물러나는 듯 싶었던 구 비서가 포기하지 않고 물고 늘어져 검찰이 아버지를 기소 결정한 것이다. 떡값이 통하지 않는 소위 꼴통 검사가 걸려 아버지는 꼼짝 없이 검찰 소환에 응해야 할 입장이 되었다. 끝난 일이라고 생각해서 방심한 아버지의 실책이었다.

구 비서 성추행 관련 아버지의 법정 공판은 아버지가 당한 일생일대의 개망신으로 두고두고 회자되고 있다. 낯싹 두껍기로 유명한 나도 현상에서 얼굴이 화끈거릴 정도였으니.

을 사실로 입증할 증거능력이 되지 못합니다. 따라서 피고
에 대한 검찰의 기소는 부당합니다."

"이의 있습니다."

"검사, 말씀하세요."

"피고의 구강성교 요구를 뒷받침할 증거를 제출합니다."

"증거 내용, 설명하세요."

"피해자는 피고로부터 구강성교를 강요당할 당시, 성기의
구조를 면밀히 기억하고 있습니다. 피고의 성기 모양새가 피
해자의 주장과 일치한다면, 공소 사실을 뒷받침함에 있어
무리는 없으리라 판단됩니다."

변호사가 목소리를 높였다.

"판사님, 지금 검찰이 개인의 사생활과 인격을 침해하고 있
습니다."

"아닙니다. 사건의 진위를 가리는 중요한 단서가 될 것입니
다."

"검찰 측 주장을 인정합니다. 검찰, 계속하세요."

"피해자의 진술을 소개합니다. 피고의 성기에는 혹이 달려

있으며, 음경과 음낭을 잇는 그 사이에 있습니다. 음경이 발기된 상태라야 그 혹이 육안으로 관측됩니다. 피해자는 구강성교를 강요당하는 와중에 그 혹을 봤다는 겁니다."

"피고, 이같은 주장에 대해 항변할 생각이 있습니까?"

아버지가 당황하는 게 멀리서도 분명히 보였다. 검사는 기회를 놓치지 않고 추궁했다.

"피고에게 주어진 절호의 기회 아닌가요? 혹만 없다면, 모든 혐의를 벗는 거 아닙니까?"

판사까지 나섰다.

"피고. 제가 화장실에 따라가서 보겠습니다. 응하시겠습니까?"

아버지는 이 제안을 거절할 경우 본인에게 너무도 불리한 상황이었기에 법원 화장실로 들어가 판사 앞에서 바지를 까 내릴 수밖에 없었다. 아이고, 아버지. 왜 고추에 혹이 달리셨어요. 아버지는 판사에게 너무도 명백히 붙어 있는 혹을 인증한 후 전속력으로 법원을 탈출했다.

이후 돈을 뿌려 언론사의 보도는 대충 막을 수 있었지만 구 비서와의 합의에서 아버지는 절대적으로 불리한 입장에 처했다. 구 비서는 교회에서 일했을 때 아버지의 100억대 비자금 심부름을 했던 걸 기억해내고 그 금액의 반을 정확히 요구했다. 아버지는 꼼짝없이 비자금의 절반을 구 비서에게 보낼 것을 지시했다.

그런데 아버지의 비극은 이 정도로 끝나지 않았다. 구 비서에게 비자금을 입금하라는 지시를 받은 사람이 그만 그 비자금 전체를 자기 계좌에 넣고 잠적해버린 것이다. 그게 누구냐고? 문 비서다. 그 사건이 있은 직후, 문 비서는 나에게 전화를 걸었다.

"육재준, 이제는 말 까자. 너, 나하고 같은 나이잖아. 아버지한테 잘 이야기해. 세상에는 공짜가 없다고. 내 소중한 처녀성, 하나님께 사랑하는 배우자에게만 쓰겠다고 평생을 지켜온 이 순결, 니 아버지가 가져갔거든. 이 돈은 그 대가로 알겠다고 해줘. 뒤쫓아봐야 소용없어. 여기 홍콩이거든."

우리 아버지, 제대로 걸렸다. 비자금을 홀랑 문 비서에게 뺏긴 후, 따로 또 수십 억을 만들어 구 비서에게 바쳐야 했다. 나중에 알고 보니 문 비서가 처음 기자회견을 그렇게 한 것도 모두 구 비서와 짜고 친 고스톱이었다. 구 비서는 아버지 성기의 혹과 관련된 결정적 증거를 잡고 문 비서의 증언 없이도 아버지와 합의를 끌어낼 자신이 있었다. 문 비서는 이 기회를 통해 아버지의 신뢰를 얻고 교회 내부로 침투해 들어갔고 구 비서는 바깥에서 아버지에게 집중 포화를 쏟아부었다. 아버지는 화병으로 병원 신세를 졌다.

여러분은 과거에 이방인들이

즐겨 하던 일을 하면서 살아왔습니다.

곧 방탕에 빠지고 욕정에 흐르고 술에 취하고

진탕 먹고 마시며 떠들어대고

가증한 우상 숭배를 일삼아왔으니

그만하면 족하지 않습니까?

베드로전서 4:3

\#14

나는 문 비서에서 여러 가지로 감동받았다. 사람은 변화하는 타인을 보고 감동한다. 교회에 죽은 듯이 앉아 평생 커피 배달이나 할 것 같던 여자가 음란마귀를 만나 자기 몫을 제대로 챙기는 능동적인 투사로 바뀌는 과정을 보며, 나 또한 주는 떡만 받아먹을 게 아니라 내 몫을 움켜쥘 만큼 움켜쥐어야겠다는 생각을 하게 된 것이다. 그래서 나는 아버지 문병을 갔다. 병원에서는 어머니가 혀를 쯧쯧 차며 병석에 누운 아버지를 내려보고 있었다.

"불여시들한테 제대로 걸려보니 어때? 그래도 믿을 건 조강지처뿐 아니야? 안 그래, 이 새끼야?"

"그만해. 나 원래 그런 놈인 거 확인해봐야 너만 속 쓰리잖아. 안 그래?"

"장로 50명 중 44명이 서명했어. 너 나가래."

"못돼 처먹은 새끼들, 단물 빨아먹을 때는 언제고…"

"너나 똑바로 해."

"엄마, 이제 좀 그만해요. 남편, 아들 골려먹는 게 이젠 레포

츠가 되셨어.”

“아주 똑같은 애비 새끼, 아유, 내가 제 명에 못 살지.”

“아버지.”

“왜?”

“돈 좀 줘요.”

아버지의 얼굴이 일그러졌다.

“미친 자식, 내가 니 놈 은행이냐? 사업 때려치워.”

“아, 아버지 이러시면 곤란하지. 아들 망하면 아버지 얼굴에
도 먹물 튀깁니다.”

“차라리 니가 망하는 게 좋겠다. 이젠 다 접고 공부나 해.”

“공부라니요.”

“고상한 표현으로 공부다. 속마음 이야기할까? 남 피해주지
말고 조용히 있어. 먹고살 걱정은 없이 해줄 테니. 해외에 나
가 살든가.”

나는 씩 웃으며 아버지가 누워 있는 침대 한 켠에 걸터앉았다.

"아버지, 아버지와 저는 운명공동체입니다. 이러시면 곤란해요."

"운명공동체? 흥! 몸에 붙었다고 다 운명공동체냐? 너는 내 인생에 암, 잘 봐줘서 종양이야. 이젠 떼어낼 때가 됐어."

"아버지, 100억 비자금, 그 건을 제가 이야기하면 어떻게 될까요?"

아버지의 얼굴이 하얗게 질렸다.

"뭐? 100억 비자금? 그걸 니가 어떻게 알아?"

"문 실장이 이야기하더군요."

"그… 그년이… 기어코…."

나는 기회를 놓치지 않고 아버지를 몰아붙였다.

"저는 아버지와 한 편이에요. 좋건 싫건 한 가족이잖아요. 장로들이 단체로 아버지보고 나가라고 하는 마당에 비자금 건 터지면 공멸이잖아요. 아버지, 일단 저 도와주세요."

"이 개자식… 얼마나 필요하냐?"

“다섯 장이요.”
“5천만 원?”
“5억이요.”

아버지에게 5억 정도야 군것질 값이다. 덕분에 나는 회사에 닥친 유동성 위기를 넘겼다. 그러고 나니 슬슬 욕심이 더 생겼다. 나 육재준이 별 볼일 없는 인물이긴 하지만 직원 몇 명이 꾸리는 앙증맞은 회사에 만족할 만큼 스케일이 작지는 않다. 이제는 내 꿈을 —아버지와 함께— 실현할 시기가 왔다는 생각이 들었다. 나는 아버지를 한 번 더 찾아갔다.

“뭐? 지난 번 급전은 해외선교 비용이라고 거짓말해서 끌어다 만들어줬는데… 이번에도 또?”
“아버지, 저요. 방송사업에 신출하려고요.”
“방송이라니?”
“요즘 대세가 방송이잖아요. 미래는 영상 콘텐츠 시대예요. 부가가치산업의 정점!”
“시끄러워! 방송이 애 이름이냐? 그리고 한두 푼 들어? 그 돈은 어디서 가져오려고?”

"아버지, 100억 돈도 뭐 그냥 술술 흘리시더만. 100억이면 돼요, 뭐든."

"이 새끼가…."

"지금 장로들이 가만있지 않아요. 아버지가 돈 유용한 게 없나 뒤지고 있잖아요. 100억 비자금, 그거, 제가 잘 보호해드릴게요. 그러니까 아버지, 폼 나게 한번 해봅시다."

"아버지를 상대로 공갈을 치냐?"

"아버지, 그게 스트레스가 되세요? 그러면 처벌받으시던가요."

"개새끼."

아버지에게는 역시 비자금이 쥐약이었다. 평소 같으면 내 말에 눈 하나 깜짝 안 했겠지만 성추행 파문 이후 입지가 흔들리는 상황을 놓치지 않았던 게 주효했다.

그날 이후 아버지는 간만에 아들을 위해 여러 가지로 애쓰셨다. 문화선교를 위해 TV방송을 만들어야 한다며, 교회로부터 100억을 끌어오신 것이다. 100억! 참 듣기만 해도 기분 좋은 금액이다. 나는 당장 이 목사를 시켜 방송국 건물부터 지었다. 건물 이름만 들어도 감전될 정도로 짜릿하다. 식스센스타워. 내성을 따서 식스에다가 식스의 센스. 곧 식스센스다. 지하 8층에 지상 13층짜리 초대형 건물이었다. 식당과 아케이드, 주차장, 사무 공간, 방송제작실, 스카이라운지를 모두 갖춘 내가 꿈꾸던 건물 자체였다.

나는 건물의 지하 8층과 지상 13층을 모두 비우게 했다. 지하에는 내 개인 모터사이클 실내 경주장을 만들어 마음껏 달리고 지상은 아예 내 집으로 만들었다. 옥상에는 13층과 연결된 별채를 만드는 것도 잊지 않았다. 마음에 드는 여자 연예인을 불러 빌딩 한 층에 걸친 내 집을 보여주고 별채로 올라가 뜨거운 밤을 즐기는 게 내 행복한 사생활이었다.

방송국이 개국하는 날, 아버지는 오셔서 멋진 축사를 해주셨다.

"오늘 이 방송의 개국으로, 문화신교의 새 장이 열렸습니다. 이 방송으로 하나님 나라가 이 땅에 확장되는 역사가 일어날 것입니다. 이제 온 가족이 함께 보는 클린 채널, 함께 누리는 해피 채널, 함께 공감하는 필링 채널, 결국 모두가 회복되는 힐링 채널을 한국교회와 천이백만 성도 앞에 내놓습니다.”

방송국의 방송 편성은 프리섹스를 갈망하는 나의 이상을 고스란히 반영했다. 우선 하루 12시간 생방송을 원칙으로 한다. 이유는 섹스를 생방송으로 현장감 있게 즐겨야지 녹화라고 하면 김이 빠지니까. 아침 8시에 팔등신 미녀들의 비키니쇼를 감상하는 ‘8시 8등신’. 9시에는 섹스로 다이어트를 하는 ‘69다이어트 프로젝트’. 11시는 불륜 문제로 이혼소송을 벌이는 부부들이 실제로 나와서 시청자 앞에서 시시비비를 가리는 ‘TV가정법원’이 나온다. 단언컨대 이 방송들은 내 전문 분야이자 시청자들에게 자신 있게 펼쳐 보일 수 있는 식스센스만의 고유콘텐츠이다. 교회 방송에 어울리지 않는다는 사람들에게 이 한마디만 하자. 교회 다니는 아저씨 X은 X이 아닌가?

‘문화선교채널’이 아닌 ‘문화성교채널’이라는 비아냥거림을 듣긴 했어도 우리 방송의 잠재시청률은 매우 높았을 것이라 자부한다. ‘잠재시청률’이 뭐냐고? 워낙 화끈한 영상이 많으니 TV로 못 봐도 열심히 인터넷에서 동영상 찾아보는 인간이 많았을 거란 말이다. 물론 그 숫자는 헤아릴 수가 없다. 야동 받아보는 인간 숫자 파악이 불가능하듯.

방송통신심의위원회에서는 신나게 각종 주의와 경고 조치를 때려댔다. 경고가 대수냐 싶었지만 방송국이 없어질 수도 있다는 주변의 걱정에 개국하고 반 년쯤 지났을 때는 출연진에게 옷을 입힐 수밖에 없었다. 이놈의 나라는 대체 왜 이리 위선적일까. 볼 거는 다 봐놓고 사회에 유해하다며 난리를 친다. 세상에는 섹스가 안 풀려 별 지랄을 다하며 멀쩡한 사람에게 피해주는 미치광이들로 가득하다. 다 섹스, 섹스 때문인 걸 모른다.

특히 교회 쪽에서 말이 많았다. 교인들의 돈을 가져다가 음란방송을 만드는 게 말이 안 된다는 이유에서였다. 그럴 때마다 우리 아버지는 특유의 카리스마로 장로들이 찍소리 하지 못하게 만들곤 했다. 장로들 중 좌장급인 최 장로가 찾아와 한소리 할 때, 내 옆에서 웃어준 아버지의 모습은 정말 멋있었다. 내 목사를 밀치고 들어온 최 장로는 작정한 듯 손을 부들부들 떨며 화를 내고 있었다. 아버지는 태연하게 웃으며 최 장로를 맞이했다.

"아이고, 최 장로님. 어쩐 일이십니까?"

"어쩐 일이라니요? 지금 목사님은 무척 태평하십니다. 교회는 난리가 났어요. 마침 같이 계시는구먼. 목사님이 목사님 아들 육재준 사장 밀어준다고 교회 돈을 마구 유용한다고요."

"아니 뭐, 증거가 있습니까?"

"TV 켜면 나오지요. 음란영상으로 가득한 식스센스TV, 그거 만든다고 교회 돈 갖다 쓰셨잖아요."

"교회 돈 갖다 썼지요. 그래서 문화선교를 위해 쓰고 있습니다."

"아니, 그 방송으로 도대체 무슨 문화선교를…"

"거기 진행자가 모두 기독교인입니다. 그리고 사장인 육재준, 안수집사 아닙니까? 기독교인이 만드는 방송이라면 선교채널이라고 봐도 무방합니다."

"목사님, 농담 그만하십시오. 온통 여자들 벗은 것만 나오는데 그게 무슨 선교채널입니까?"

"우리 장로님, 애청자시군요. 허허, 그걸 다 보셨다는 말씀 아닙니까? 보십시오. 장로님도 보시는데, 불신자들도 보지 않겠습니까? 일단 보게 해야 선교를 하든 말든 할 것 아니겠습니까?”
“이거 안 됩니다. 빨리 교회 돈을 회수하든지, 아니면 육재
준 사장 교체해야 합니다.”
“장로님, 우리 아들도 먹고살아야 할 것 아닙니까. 교회의
가시 노릇 그만하십시오. 성령님이 슬퍼하십니다.”
“목사님. 말장난 그만하십시오!”

아버지가 입술을 살짝 비틀더니 이 목사에게 말했다.

“이 목사.”
“네, 목사님.”
“잠깐 나가 있어.”
“네.”

이 목사가 나가자 아버지는 조용히 쓰고 있던 안경을 벗었다.

“최 장로님… 이 개새끼야, 니가 나와 나의 가족을 대적해?”
“개… 개… 새끼라니….”
“나랑 맞선 놈들 하나같이 마누라한테 이혼당하거나 억대

빚지고 술로 지새고 있어. 나와 맞서서 싸우면 패가망신은 기본이야."

"목사님, 하나님이 두렵지 않으십니까?"

"내가 하나님이야 개새끼야. 너 같은 새끼 하나 제거하는 거 일도 아니야. 닥치고 있어."

아버지의 윽박지름에 최 장로는 당장은 닥쳤지만, 방을 나가며 나를 한번 노려보는 눈빛이 호락호락 물러날 것처럼 보이지 않았다. 그 양반 눈빛 보고 몸 좀 사렸어야 했는데. 뒤늦게 후회해 본다.

그러나 나는 너희에게 이렇게 말한다.

누구든지 여자를 보고

음란한 생각을 품는 사람은

벌써 마음으로 그 여자를 범했다.

마태복음 5:28

#15

아버지와 최 장로가 부딪친 게 내가 감방에 들어오기 두 달 전쯤이 된다. 이쯤 되면 드디어 내가 왜 국내 최대 기독교 방송사의 사장에서 콩밥 먹는 신세가 되었는지 밝혀야 할 것 같다. 방송국 직원들 술자리에 오르내리기 좋은 안주거리가 하나 생겼는데, 지역방송 리포터 출신의 새파란 30대 여성 조별아라는 인물이 난데없이 등장해 상무 자리에 오른 것이다. 물론 사장인 나의 지시에 따른 조치였다.

기억력이 좋은 사람은 내가 두 번째 아내 주민아를 꼬실 때를 떠올릴 것이다. 그때와 상황은 비슷하지만 내막은 다르다. 주민아는 순전히 내 적극적인 의지와 계획 속에서 부장 자리에 올랐었지만, 조별아는 협박과 강압 속에 내가 울며 겨자먹기로 내린 결정이었다. 아무리 나와 아버지가 주무르는 회사라고 해도 계약직 직원까지 합치면 세 자릿수 직원이 일하고 있는 대형 회사였다. 직원들의 눈치를 아예 안 볼 수는 없는 상황에서 하늘에서 뚝 떨어진 낙하산 인사는 나에게 부담이 아닐 수 없었다.

대체 나는 왜 울면서 겨자를 먹었냐고? 유식한 표현으로 우뇌의 명령을 거역하고 좌뇌에 충실한 죄였다고 해두자. 매일 먹는 진수성찬이 질린다고. 나는 방송국 13층의 호화로운 저택에서 번쩍거리는 옷과 화려한 화장을 한 여자들을 만나는 것이 지루해지고 있었다. 그래서 회사 여직원들의 이력서를 몽땅 모았다. 그리고 사진과 나이를 보며 성기가 반응하는 대로 몇 명의 여자를 추렸다. 그 다음 '사장과의 대화'라는 명목으로 해당 여직원들을 불러 면담을 했다. 아버지가 개망신당하는 꼴을 여러 차례 봤기 때문에 나는 꽤 신중했다. 사생활을 묻는 질문에 순순히 답하며 이런 자리의 특성을 눈치채고 절대 소문내지는 않을 모양새로 꼬리치는 여자를 찾았다.

그렇게 해서 걸린 여자가 바로 우리 회사 계약직 리포터로 일하는 조별아였다. 그녀의 일이란 그다지 유명할 것도 없는 사람들을 찾아가 별것도 아닌 일에 호들삽 떨며 얼굴을 팔아 하루하루를 버티는, 당장 내일 잘려도 특별히 할 말이 없는 말단 중에 말단이었다. 조별아는 사장과의 뜨거운 관계를 갖는 것을 주저하지 않았다. 그녀가 유부녀라는 사실은 첫 번째 잠자리에서 알았지만, 남편이 조직폭력배라는 사실은 임신 소식과 함께 알았다. 세계적인 영적 지도자의 아들도 조폭은 무섭다. 하나님이 사시미를 막아주시지는 않는다는 걸 잘 아는 까닭이다. 게다가 그녀가 입을 놀리는 순간 내가 쌓아온 이 거대한 성은 일순간에 무너질 수도 있었다. 나는 조별아가 시키는 대로 할 수밖에 없었다.

조별아가 어리석었던 부분은 다른 많은 보상 방식이 있었는데도 어디서 뭘 봤는지 굳이 티 나고 부작용도 많은 상무 자리를 나에게 요구했다는 점이다. 수상쩍은 상무 선임에 교회 장로들이 움직이기 시작했고 조별아 본인도 남편에게 의심을 살 만한 소문의 주인공이 되어버렸다. 그러나 이미 엎질러진 물을 어찌할 도리가 없었다. 장로와 조폭과 곧 태어날 아이가 모두 언제든 폭발할 수 있는 시한폭탄이었지만 나는 모든 걸 잊고 내 본연의 임무에 충실하기로 했다. 낮에는 회사 지하에서 모터사이클을 즐기고, 밤에는 조별아를 포함한 갖가지 부류의 여자를 만나며 시간을 보냈다.

그러던 어느 날, 나는 사무실로 들이닥친 검찰에게 체포당했다. 죄명은 횡령과 분식회계. 늘 하던 일이었지만 체포된 적은 처음이었다. 어리둥절해하는 나에게 검찰은 나의 부정을 너무도 확실하게 증명해주는 회계 자료를 내밀며 이렇게 말했다.

"육재준 씨, 효도하셨어야죠."

나를 감옥으로 밀어넣은 건 아버지였다. 조별아와 나의 관계를 눈치챈 장로들이 포위망을 좁혀오고 피할 수 없는 파멸이 닥쳤음을 직감한 아버지가 뼈를 지키기 위해 살을 내주는 마음으로 나를 여기에 집어넣고 조별아 제거에 나선 것이다. 아무리 그렇다 해도 나는 아버지의 대처를 이해할 수가 없었다. 고마운 아버지. 나에게 일용할 양식과 여자와 돈과 회사를 주시더니 이제는 전과까지 주셨다.

내가 감옥으로 들어온 후로 아버지는 확실하게 뒤처리를 했다. 조별아는 남편이 아내가 자신의 아이를 임신한 게 아니라는 걸 눈치채는 바람에 이미 곤경에 처해 있었다. 섭섭지 않은 액수의 퇴직금을 주며 이 정도에서 적당히 할 것을 타일러 그녀를 회사에서 내쫓고 장로들의 의심을 완전히 털어냈다. 이 과정에서 아버지는 예전의 권력을 거의 다 되찾아 자신과 나의 뒤를 캐던 장로들을 역으로 쳐서 반대파를 교회에서 대부분 몰아냈다.

내가 감옥에 들어오고 처음 면회를 온 아버지의 얼굴은 단호했다.

"조별아라는 여자. 이 목사 시켜서 5억 줬다, 5억."
"잘하셨어요."

아버지는 주머니에서 종이 한 장을 꺼냈다.

"이게 뭐야? 차용증?"
"이제 너와 나 사이에도 채권 채무 관계를 분명히 할 필요가 있다. 교회 돈이 마치 마르지 않는 샘같이 느껴졌다면 오산이야."
"아버지, 100억 비자금…."
"그게 무슨 소리냐? 나는 모르는 일이다. 그리고 그런 이야기하고 다니던 장로들, 모두 쫓겨났다."
"아버지!"
"출감할 때까지 잠자코 있어라. 그런다면 니가 평생 먹고살

길은 책임져준다. 하지만 허튼 짓 하는 순간에는 너와 나는 더이상 영적으로나 육적으로도 부자관계가 아니다. 알았냐.”

내가 받은 형량은 징역 5년이었다. 수감 초기에 나는 울화통이 터져 밥이 입으로 넘어가지 않았다. 그렇게 1년이 지나갔다. 그 사이에도 아버지와 관련된 일들은 끊이지 않고 벌어졌다.

그들은 너희 하느님 야훼의 징계를 맛보지 못하였다.

하느님께서 위력을 발휘하시어

억센 손으로 내려치시고 팔을 뻗으시어

신명기 11:2

#16

어머니가 면회를 다녀간 지도 두 달이 지났다. 당장 머리를 벽에 처박아 죽어버리고 싶은 감옥생활을 몇 달 더 버틴 건, 그날 어머니가 해준 이야기 덕분이었다.

"어머니!"
"반갑냐? 내가? 해가 서쪽에서 뜨겠다."
"아버지는요."
"미주성회 떠났다. 성회를 하러 갔는지 떡을 치러 갔는지 모르겠다만."
"나 언제 풀어줄 거예요."
"내가 법무부장관은 아니잖니?"

나는 어머니 치맛자락이라도 붙들고 싶은 심정이었다.

"언제까지 여기 있어야 해요? 하루도 못 있겠어요. 나 좀 풀어줘요."
"너, 니 아버지를 몰랐어? 자기에게 걸림돌이 되는 거라면 자식이고 부모고 없어. 감옥 보내거나 조폭 만나게 하잖니."

"알아요. 그래서 100억 비자금 그거 쥐고 흔들었어요."

"물증도 없이 까부니까 그렇지. 그래서 말인데 너, 외삼촌 일 좀 도울래?"

"외삼촌 일이라니요? 상운이 삼촌이요?"

"그래, 니 삼촌, 황상운 목사."

"감방에서 뭘 도와요? 그리고 왜 돕고요?"

"너를 풀어줄 수 있는 사람은 아버지가 시무하는 동양 최대의 교회 담임목사뿐이야."

"담임목사가 어디 둘이에요? 유일한 영도자이신 육봉기 목사님뿐인데. 그 육봉기 목사님은 나보고 여기서 푹 썩으라고 하잖아요."

순간 나의 뇌를 번쩍 스치고 지나가는 생각이 있었다.

"아, 그러니까?"

"이제 알겠냐. 지 애비 닮아서 이런 머리는 비상하지. 그 교회는 니 외할아버지 황성기 목사님이 세운 교회야. 아버지는 육봉기가 육십 살 먹으면 다음은 내 동생 상운이에게 넘기라고 외할아버지의 업적이 아버지가 기를 쓰며 어머니와의 결혼 생활을 유지한 결정적 이유였지만 이제는 그것이 거꾸로 아버지의 목을 칠 차례였다. 나는 무릎을 쳤다.

"그러니까 육봉기 목사님을 물러나게 하고, 황상운 목사님을 새 담임목사로 세우자?"

"그래, 너하고 나하고 뜻을 모으면 돼. 내일 오 장로 보낼 테니까 적절할 때 니 역할을 해. 알았지?"

"벌써 아버지 반대파 장로들하고 커넥션이 형성되셨군요. 뭔가 항상 부족해 보인 우리 황옥림 사모님이 나름 승부수를 띄울 줄도 아시네요."

"이번에는 차질 없어야 한다. 마지막 기회야."

어머니의 말대로 다음 날 오 장로가 찾아왔고, 나는 내가 아는 아버지의 모든 비밀을 빠짐없이 그에게 알려주었다. 이렇게 초유의 부자 대격돌, 부부 대란이 시작되었다. 어머니는 얼마 지나지 않아 아버지에게 담임목사직에서 물러나라며 노골적인 선전포고를 했고 아버지의 전화를 녹취해 미주성회 중 역시 영의 아내를 만나 아이까지 따로 두고 있는 정황을 포착했다.

증거는 충분했지만 외삼촌 진영은 신중하게 움직였다. 황상운 목사는 전면전을 피하기 위해 언론에 직접 아버지의 비밀스러운 이야기를 내보내지 않는 대신 여성월간지와 인터뷰를 하면서 아주 자연스럽게 육봉기 목사의 불륜을 흘려 이미지에 타격을 입혔다. 그 여성지는 표지에 크고 선명한 글씨를 새겨가며 유명 교회 목사의 불륜 정황을 폭로했다. 두 집, 세 집… 몇 집 살림을 하는지는 정확히 알 수 없고 외도에 정신이 팔려 자식 교육 한번 제대로 한 적 없어 황옥림 여사가 몸과 마음을 다쳤고 해당 목사는 폭행과 술과 마약까지 난봉꾼이 할 수 있는 모든 것을 했다는 내용이었다.

아버지는 그냥 당하지 않았다. 그 인터뷰가 나오고 얼마 후, 아버지가 이 목사를 시켜 했을 것이 분명한 사건이 황 목사가 있는 교회에서 터졌다. 교회 식당 국물에서 쥐가 둥둥 떠다니는 게 발견돼 난리가 났고 경찰과 언론이 출동해 파리가 들끓고 음식물 쓰레기가 썩고 있는 지저분한 조리실을 그대로 화면에

담았다. 아버지의 술책도 술책이지만 안타깝게도 황 목사의 교회 식당 자체가 끔찍할 정도의 위생 상태였던 것도 사실이었다. 어딜 가나 큰 교회는 구린 구석이 도처에 있으니, 그야말로 아무 데나 누르면 거기가 다 급소인 셈이다.

이렇게 서로가 승자 없는 싸움을 하는 와중에 두 달이 지나가고 지루한 공성전이 전개되며 나의 출옥도 기약 없이 미뤄졌다. 아버지가 지지 않으면 나는 이 감옥에서 나갈 수 없고 나의 섹스도 풀릴 수가 없다.

도무지 꾀가 나지 않던 차에 뜻밖의 기회가 찾아왔다. 조별아가 나를 찾아온 것이다. 그게 바로 어제다. 조별아는 마지막으로 봤을 때보다 피골이 상접해 있는 게, 마음고생이 적지 않았던 모양이었다. 처음에 혹시 아이라도 업고 오지 않았나 걱정했지만 빈손이었다.

"어떻게 된 거야?"

조별아는 덤덤하게 말을 내뱉었다.

"아이, 유산했어."

"유산?"

도대체 내가 죽이거나 버린 아이가 몇인지 모르겠다. 신이 있는
지는 모르겠지만 내가 지옥행 급행열차를 타는 것은 유력해 보
인다.

"회사 잘리고 당신이 날 버렸는데, 무슨 수로 애를 키워?"

"남편은 뭐라냐?"

"남편이 죽든지 지우든지 양자택일하라고 하기에, 뱃속 아
기하고 같이 죽을 바엔 나는 살아야겠다 싶었지."

"너도 인생 참… 여기는 왜 왔어? 나한테 볼일 또 있어?"

"육재준 사장님, 나는 육재준 사장님과 아직 정산이 될 끝
났이요."

"아버지가 나한테 차용증 받아갔다. 나는 빚밖에 없어. 벼
룩의 간이 필요하면 빼 가."

"그 건물, 방송국, 나한테 넘겨. 아니면 다 폭로할 거야."

나는 피식 웃었다.

"조별아 리포터님, 폭로하세요. 나는 어차피 끝난 인생이니까. 그리고 그게 탐난다면, 명의 소유자 육봉기 목사님한테 가서 달라고 하세요."

"나쁜 자식."

"너 참 질기다. 그건 인정할게."

"육재준! 널 용서하지 않을 거야."

"그것도 번호표 받아라. 나 용서하지 않겠다는 여자애만 사단병력으로 있거든."

"니 비리 더 밝혀서 영원히 콩밥 먹게 해줄 거야."

나는 이 여자와 말싸움을 하는 것이 짜증스러웠다. 이 여자를 어떻게 치울까 고민하는 그 순간, 내 머릿속에 기적 같은 영감이 떠올랐다. 오로지 여자와 붙어먹다 내내 뒷수습을 해온 내 인생이 나에게 준 선물 같은 생각이었다. 나는 아주 잠깐의 시간동안 내 생각을 일목요연하게 정리했다. 모든 게 완벽했다. 내 생각대로 모든 게 이뤄진다면 나는 감옥을 나갈 수 있을 것이다. 나는 나를 잡아 죽일 듯 씩씩거리며 쳐다보는 조별아에게 목소리를 낮춰 말을 걸었다.

그렇듯이 추잡한 죄를 짓고도

어떻게 심판을 받지 않으랴?

욥기 31:11

#17

바람이 분다. 역시 바깥세상은 좋다. 이렇게 바람도 맞고 햇볕도 쬐고. 사람이 큰일을 겪으면 사소한 일에도 감사하게 된다더니 그 말이 맞다. 지금 내가 어디냐고? 불운한 사고로 생을 마감한 육봉기 목사의 무덤을 찾아 기도드린 후 쨍쨍한 햇살을 맞으며 내 승용차로 돌아가는 길이다. 감옥에서 나온 지는 꽤 오래됐다. 오랜만에 나와 할 일이 많다보니 사랑하는 아버지의 묘비를 찾아뵙는 일도 늦어졌다.

아버지가 죽은 후로 내 출옥 역시 비교적 일사천리로 이루어졌다. 황상운 목사가 담임목사 자리에 오르는 데 사실상 일등 공신이 나였으니까 망설일 이유가 없지 않은가. 사람은 역시 머리를 써야 한다, 머리를. 조별아를 이용한 나의 작전은 상상 이상으로 대성공을 거두어 육봉기 목사님은 아예 주님의 품으로 돌아가시고 말았다. 내 감옥 생활은 상상 이상으로 고통스러웠으니, 이런 패륜적인 발언을 너그러이 이해해주길 바란다.

내 구상은 간단했다. 아버지는 조별아의 얼굴을 모르고, 내가 보기에 조별아 정도면 아버지의 하룻밤 정도는 책임질 수 있는 외모를 가지고 있었다. 교도소에서 내 제안을 받아들인 조별아는 먼저 어머니를 찾아가 내 구상을 전달했다. 어머니 역시 감탄하며 내 말에 따라 계획을 짰다. 어머니는 심부름센터를 총동원해 미국에서 한국으로 돌아온 남편이 영의 아내를 찾는 타이밍을 노렸다. 별로 오래 걸리지는 않은 모양이다. 곧 경기도의 한 호텔에서 아버지가 영의 아내 중 한 명과 접선하려는 정황을 포착한 어머니는 재빨리 손을 썼다. 영의 아내가 몸이 아프다는 핑계를 대고 나오지 못하게 하고, 영의 아내 대신 아버지를 모실 여자로 조별아를 투입시킨 것이다. 우리 아버지. 외롭고 적적하실 때는 까다롭지 않은 분이다. 그는 조별아의 다소 어설펐을 연기에도 일말의 의심 없이 호텔방으로 직행했다.

클라이맥스는 여기부터다. 조별아는 호텔방에 들어가자마자 폭풍 같은 속도로 아버지의 옷부터 벗겨냈다. 신이 난 육봉기 목사가 조별아를 품으려는 찰나, 어머니로부터 큰 거 한 장짜리 착수금을 받은 조별아의 조폭 남편이 거칠게 문을 두드렸다. 누가 봐도 뻔한 꽃뱀 스토리였지만 난생 처음 이런 일을 당한 육봉기 목사는 경황을 잃고 알몸으로 욕실과 옷장을 방황하다 급히 창문을 넘어 에어컨 실내기를 붙잡고 매달렸다.

조별아의 남편과 함께 들어온 황옥림 여사는 이 상황이 너무도 행복하고 즐거워 당장 남편을 구해주고 싶은 생각이 없었다. 그래서 조별아와 남편이 부부싸움을 벌이며 시간을 끌게 만들어 창밖에 매달린 남편이 팔을 부들부들 떨며 신을 찾게 만들었다. 그렇게 속절없이 20분 정도가 지나갔고 조별아와 남편이 더이상 실감나는 연기를 할 만한 말을 찾기가 어려워졌을 때, 어머니는 자비를 베풀어 그윽한 미소를 짓고 창가로 다가갔다. 그러나 거기 벌거벗고 매달려 있어야 할 남편은 없었다. 그는 20층 아래 바닥에 떨어져 있었다.

연로하신 아버지에게 인생에서 가장 길었을 오래 매달리기를 시킨 어머니도 참 냉정한 분이지만, 아버지가 개망신을 당하는 한이 있어도 목숨을 부지하기 위해 다시 기어 올라오지 않고 중력에 몸을 맡긴 이유는 조금 의아스럽긴 하다. 담임목사가 바뀐 후로도 적절히 처신해 예전 못지않은 지위를 유지한 이 목사는 '명예를 지키기 위한 선택'이라며 아버지의 죽음을 해석하긴 했지만 말끝을 흐리는 걸로 보아 본인도 정말 그렇게 생각하지는 않는 듯하다. 내가 생각하기에 대한민국이 낳은 위대한 영적 지도자 육봉기 목사는 불륜 현장에서 위기를 모면하기 위해 20층 높이 난간에 매달려 있다가 그만 팔에 쥐가 나는 바람에 다시 방으로 돌아오지 못하고 영면하시지 않았나 싶다. 실로 우리 아버지다운 죽음이며, 아버지는 그야말로 목숨을 바쳐 본인의 삶을 증명하신 분이다. 그 어떤 것도 지니지 않은 채 태어났을 때 모습 그대로 떠나신 아름다운 분.

그날 천민일보를 봤는가. Y모 목사가 불륜 중에 발각돼 20층 난간에 매달리다 떨어져 죽었다는 기사를 사회면 톱으로 보냈다. '캬캬'하는 소리가 들리는 기사였다. 그런데 그 천민일보 부음란에는 육봉기 목사의 별세 소식이 실린다. 사인은 밑도 끝도 없는 '과로'. 둘 다 우리 아버지 소식이었음을 알고, 그 사인도 아는 엄마와 내가 영안실 뒷방에 얼마나 웃었는지 모른다. 가정을 등지고 온갖 불륜을 저지른 남편과 아버지에 평생을 고통받은 아내와 아들이 된 어머니와 나는 '그는 우리를 사랑하지 않았으나 우리는 그를 사랑했다'라는 멋진 말을 남기며 수심에 찬 표정으로 기자회견장을 나섰다.

모든 게 잘 마무리됐고, 아버지의 화려했던 인생을 정리하는 것도 이제 끝이다. 이제는 단 한 가지만 불길할 뿐이다. 지금까지 내 인생을 돌아보면, 나는 그토록 증오했던 아버지의 뒤를 착실히 밟아왔음이 분명하다. 부정할 수 없는 사실이다. 또 나뿐이 아니라 이 시대를 살아가는 대부분의 아들과 아버지의 관계라는 게 그렇지 않은가.

나는 벗어나려고 발버둥 치면 더 깊이 빠져드는 운명의 늪이 있다고 믿는다. 끝끝내 그 운명을 벗어날 수 없다면 적어도 나는 아버지보다는 좀더 폼 나게 떠나고 싶다. 그래서 틈만 나면 열심히 팔굽혀펴기를 하며 팔 힘을 기르는 것이다. 으쌰으쌰. 이 팔뚝을 보라. 내가 불의의 사태로 난간에 매달리는 날이 와도, 한 시간 정도는 버티지 않겠는가. 그럼 됐지 무얼 더 바라랴!

Part 2

육봉기의 승승장구…

그것을 알려주마

현대사와 개신교회사 간의 역학관계 리포트

섹스 이야기로 눈과 귀가 이완됐다면 이제는 바짝 조여줄까 해. 왜 육봉기는 자기 X도 간수하지 못하는 주제에 한국을 대표하는 영적 지도자가 됐을까. (여기서부터는 픽션과 논픽션을 넘나드니 그리 알라고.)

한국의 개신교 역사를 살펴보면 크게 네 번의 부흥운동이 있었어. 다음은 최형묵 천안살림교회 목사의 견해야.

"1907년 평양대부흥운동은 군대해산과 외교권 및 경비권의 박탈 그리고 이어진 러일전쟁을 배경으로 하며, 1920~1930년대 부흥운동은 1919년 일제 강점하 3·1독립운동의 좌절 상황을 배경으로 하며, 1950~1960년대 부흥운동은 한국전쟁과 이어진 사회적 불안과 밀접한 관련이 있다."

우울하지. 이런 시기에는 나라를 위한 기도가 절로 나오게 돼 있어. 그런데 마지막 하나, 1970년대 부흥운동은 좀 다른 양상이야. 급속한 경제개발과 이에 따른 전통사회의 와해와 관련이 있어. 물론 이러한 성장 또한 '불안'이 자양분이었지. 최 목사는 "어쩌면 한국 현대사는 사회적 불안이 일상화돼 있었고 그 일상화된 사회적 불안은 한국 개신교의 부흥회적 신앙의 자양분이 됐다"고 말해. 그런데 마지막 '부흥'은 규모가 엄청났어. 신자 수 200~300% 증가세였으니 말이야. 오늘의 기독교 대국이 된 것도 이때의 팽창에서 기인한 것이지. 게다가 모티브가 달라. 국가가 아닌 개인이야.

군사정권을 옹호하는 측이나 저항하는 측 그들 모두가 채울 수 없는 공허함이나 심령의 갈급함이 있었다는 설명이지. 그렇다고 박정희가 개신교 부흥을 위해 법률적·정책적 배려를 한 것은 없어. 미군정이나 이승만 때처럼 적산가옥을 불하하고, 개신교인 우대정책을 쓰고, 군종제도를 만드는 식으로 특혜를 부여한 것이 없었다는 이야기야.

하지만 놀랍게도 박정희와 당시 개신교의 당면목표에 있어 '싱

크'(synchronization)는 정확했어. 박정신 숭실대 교수가 한 말인데 어렵지만 곱씹어 보자고.

"한국 개신교에서 '성장 신학'이 이토록 힘을 쓸 수 있었던 것은 그것이 박정희 정권의 경제 성장 이데올로기, 수량으로 환산 가능한 외형에 매달리는 성장지상주의, 경쟁과 효율을 중시하는 시장주의, '하면 된다'거나 '잘 살아보자'는 따위의 '새마을'정신과 맞닿아 있었기 때문이라는 분석이다. 교회는 근대화의 체제를 모방하면서 그 이념과 사고방식까지 내면화하였고, 이로써 그 생각이나 행동 지향성에서 더이상 일반 사회와 구별되지 않을 뿐 아니라, 외려 체제 적응력과 사회 경제 수준을 높이는 '기회의 마당'이 된 것이다. 교회가 성공을 위한 '넓은 문'이 되어준 셈이다. 국가 정책에 맞서고 긴장을 불러일으키기보나는 이에 날라붙어 힘을 실어수고 대가를 챙기는 채제의 한 부분으로 전락한 것이다. 교회는 '돌진적' 근대화로 삶의 짜임새가 빠르게 바뀌는 과정에서 빚어지는 삶의 긴장을 풀어주고 성취동기를 제공하였으며, 아울러 근대화의 성장 이데올로기와도 엉긴 까닭에 현존 질서를 긍정하는 지향성에 더욱 매몰될 수밖에 아주 중요한 지적이야. 박정희는 조국 근대화에, 당시 교회는 민족 복음화에 전력을 기울일 때였지. 성과의 요체는 팽창이었어. 개인보다는 조직(국가)이었기에 획일성, 독재성은 용인됐고. 거기에 정서도 통했지. 반공주의라는.

그래도 이 나라의 개신교는 선교사를 통해 유입되고 정착된 거 아니겠어. 당연히 청교도주의(Puritanism)가 강했다고. 배타주의 등 논란을 야기한 부분도 많았지만, 청빈, 검소, 이웃 배려 같은 가치는 좋았다고. 하지만 박정희 시대 '압축성장'의 기치가 모든 것에 우위를 점하던 시기에는 무시되고 말았어. 이러다보니 탈정치화를 넘어 거짓 정치와의 결탁을 초래하게 되지. 보라고. 5·16 군사 쿠데타도, 베트남전 참전도, 3선 개헌도, 유신 독재도, 긴급조치도 문제없다며 군사정권에 힘을 실어준 당시 교회 지도자들, 어땠냐고. 자기들은 이야기해. '정교분리'를 했다고. 이게 정교분리일까. 탈정치화라고 봐야 하겠지.

탈정치화는 더 정치개입이라고 봐. 박정희가 1979년 10월 26일 궁정동에서 부하 중앙정보부장 김재규의 총에 맞아 사망할 당시를 보자고. 김재규를 도와 경호실 요원에게 총격을 가한 과장 박선호는 20년 넘는 개신교인이었어. 박정희는 경호실장 차지철 안수집사와 함께 세상을 떠났고, 당시 유일한 증인 격인 비서실장 장로 김계원은 곧 체포됐다잖아.

교회의 탈정치화는 1907년 평양대부흥운동으로부터 비롯됐다고 보는 게 타당해. 국권탈취기, 혼자서 저항하기 힘든 민중이 기댈 곳은 교회뿐이었거든. 그런데 교회는 회개 운동을 시켜. 삶의 스트레스가 정치가 아닌 개인의 죄 때문이라고 인식하도록 만들기에 충분했지. 훗날 개신교가 신사참배를 수용하고 일제의 태평양전쟁에 동조하는 걸 보면 알 수 있잖아. 시대를 사는 이로서 세상을 바라볼 수 있는 안목, 시민 참여의식을 함양하도록 교회가 그 역할을 담당해야 했는데, 그렇지 못했던 거야.

탈정치화된 교회. 성장 이념에 충실한 교회. 그러면서 반공주의의 온상이 되는 교회. 박정희에게는 최고의 우군이었지.

여담처럼 하자면, 개신교의 반공주의는 이런 맥락이야. 일제 강점기에 일제가 공산주의를 배격했지. 그 여파도 다소 있었을 거야. 하지만 해방 후 38선을 중심으로 북에 소련군이 진주하면서 빚어진 현상을 주목해야 해. 이념보다는 체제로서의 공산주의는 본질적으로 기독교와 이질적이야. 그래서 소련군은 교회를 탄압해. 이른바 토지개혁을 단행해 땅을 몰수하지. 그런데 지주세력 중에 크리스천이 적지 않았어. 이들은 끝내 월남하고 그리고 완고한 반공주의의 전사가 되지. 4·3 사건 당시 양민 학살 등 무력 행동을 했던 민간 테러조직도 교회와 연관돼 있어.

최형묵 목사도 그래서 "한마디로 말해 박정희 체제 하에서 진행된 한국적 근대화의 최대 수혜자이자 동시에 협력자는 교회였다"며 "한국교회의 '성공'과 박정희 체제의 '성공'은 매우 긴밀하게 관련되어 있었는데, 예컨대 '조국근대화'는 '민족복음화'와 등식을 이뤘고, '잘살아보세'는 '삼박자 축복'과 등식을 이뤘다"고 했다고.

최형묵 목사의 이런 주장도 눈길을 끌어. "한국교회의 타종교에 대한 전투적 배타주의의 기원은 한국에 기독교를 전파해 준 미국의 근본주의 기독교에서 유래한 측면도 있겠지만, 박정희 체제 하에서의 '성공'과도 결코 무관하지 않다"고 해. 실제로 개신교가 일반인에게 가장 이해받지 못하는 게 '배타성'이지. 이 이야기를 들어보라고.

"경제적 성장의 논리는 필연적으로 배제의 논리를 안고 있으니 성장의 논리를 체현한 교회가 배제의 논리를 더욱 강화하였으리라는 것은 어렵지 않게 예측할 수 있다. 세계사에서 유례없는 급속한 성장으로 아무런 안전장치 없이 자본주의의 냉혹한 병폐를 그대로 안고 있는 한국 경제체제와 마찬가지로, 욕망의 충족을 위해 다들 내달리지만 한계선에 도달하지 못하는 사람들이 배제당한다."

여기서 모 교회 이야기를 해볼게. 압축성장기 교회 부흥의 상징적 모델은 이 교회인데, 지금은 은퇴한 담임목사의 회고야.

"1961년 나는 한국에서 제일 큰 교회를 세우기로 작정했다. (중략) 당시에 서울에서 제일 큰 교회는 Y교회였다. Y교회는 교인수가 6,000명가량 됐으며, 그 사실이 나에게 큰 의

홍영기 교회성장연구소장이 이 교회의 성장이 사회경제적 요인
과 더 밀접하다고 말해. 1960년대에 서울로 올라온 이농민들이
중랑, 관악, 성북, 성동, 광진, 서대문, 영등포 등 한강 지류나 야
산에 무허가 주택단지를 형성하며 집단 거주했는데, 기초생활
을 위한 최소한의 조건도 갖춰지지 않은 주거지와 노동 조건 속
에서 혹독한 삶을 살아야 했던 사람들, 학대와 폭력이 난무한
야만적 도시 생활 속으로 내던져진 사람들에게 국가가 거의 아
무런 기회도 제공하지 않았고, 단지 그들을 산업예비군으로 하
는 저임금 체제를 유지하는 데만 급급할 때에 교회가 다가갔다
는 거야.

이에 대해 김진호 제3세계그리스도교연구소장은 "이 교회 현상의 다른 측면이 '성공지상주의'"라고 규정해. 그러면서 "건강과 재산의 축복이 영적 축복과 서로 얽혀 있다는 (이 교회 특유의) 3박자 구원론은 도시빈민으로 편입된 이농민들에게 현실의 불리한 여건을 극복하는 데 필요한 삶의 적극적인 의지로 이해될 수 있었다. 이는 가난하고 병든 사람의 구원에 관한 신학이 아니라 부유하고 또 건강관리 체계의 수혜를 잘 누리고 있는 이들이 자신의 풍요를 정당화하는 데도 유용한 신학으로 여길 수 있는 것"이라고 말해.

이 교회 목사는 박정희의 리더십도 차용했어. 카리스마적 리더십이 그랬고, 국가와 교회는 그들을 흡수한 핵심적 종교제도였으며, 대중은 이 제도들을 통해 국민으로 성도로 부름받았다는 이야기야. 그래서 신은 박정희와 J목사를 모상(Image)으로 해서 도래한 거야. 그런 점에서 이 사회는 '신성 사회'였다고. 한국에서 민주주의라는 것은 박정희의 신성성을 모독하고 국가를 탈신화하면서 등장하지 않았어? 1980년대부터 '성역'으로 비춰지던 교회와 목사가 비평의 대상이 된 저간의 흐름은 교회의 독재적 카리스마가 탈피되던 시기와 맞물려.

이런 카리스마적 리더십을 공고히 하기 위해서는 가상의 적이 필요해. 공산주의는 약방의 감초라고. 김진호 목사 이야기는 이 래. "공산주의라는 악마와의 전쟁을 계속하고자 했고, 그렇게 사회적 증오와 복수의 심성으로 조직된 신앙과 이념으로 스스로를 무장했다"며 "(실전이 아닌) 심성에서라도 전쟁만은 존속할 수 있고, 그래서 존립가치가 생성되는 것"이라고 했어. 북한은 그들에게 혐오의 대상인 듯하지만, 실은 공생관계야. 자신들의 비리와 부도덕을 감춰줄 방패지. 엄밀히 말하면 진정한 종북은 이들이라고 봐야 해.

여기서 조금은 긴 부연을 할까 해. 해방되기 전 한국 개신교인 가운데 극소수가 기독교 사회주의를 주목했어. 기독교 사회주의는 자기보다 '남을 배려하는' 기독교, 개인의 자유보다 '사회적 책임'을 다하는 기독교, 모으는 것보다 '나누는 것'에 우선가치를 두는 기독교를 지향하는 것이야. 100년 전에 잠깐 나왔다가 사라진 이 사상이 왜 이제야 주목받는 것일까. 이런 '나누는 기독교'라면 남쪽 일반 사회의 지지를 끌어낼 수 있음은 물론이고 반세기 동안 자본주의와 전혀 다른 사회주의 이념과 체제 아래 살면서 사회주의 체질에 익숙해 있는 북쪽의 동포들에게도 낯설지 않은 모습으로 다가갈 수 있을 것이라는 설명이야.

기독교와 사회주의. 사실 상극 같지. 실제 고 한경직 목사 같은 사람은 사회주의가 유물론적 사고에다, 무신론을 강조하고, 계급투쟁을 조장한다는 점에서 반대해. 그런데 이념은 그렇지 않다고 봐. 사회주의와 유사한 공산주의의 반대개념인 자본주의를 보기도 해. 물질을 근본으로, 마음이나 정신을 그 다음으로 보는 철학이 유물론인데, 인간의 존엄성은 뒷전에 두고, 사람을 오로지 생산성으로 판단하는 낡은 자본주의는 도대체 어떤 점에서 낫다는 것일까. 또 무신론, 무신론 이야기하는데, 소련이 무너질 무렵, 전 인구의 5분의 1이 기독교인이었어. 종교를 아편으로 생각하는 것은 사회주의 이론가의 개인적 생각일 뿐, 그것 자체로 이론 체계가 아니라는 것이기도 해.

마르크스주의자인 에른스트 블로흐라는 사람이 한 말은 그래서 유명하지. "무신론자만이 훌륭한 그리스도인이 될 수 있고, 그리스도인만이 훌륭한 무신론자가 될 수 있다"고 한 말. 지금 신의 자리를 차지하는 자본과 권력을 숭배하지 않는 태도, 즉 무신론적 자세가 그와 가깝게 만날 수 있다는 설명이야. 허울

뿐이라고는 하지만 사회주의를 표방하는 북한도 교회의 존재를 인정해. 또한 계급 간 갈등, 즉 계급투쟁을 조장한다고 했는데, 부자와 가난한 자, 자본가와 노동자, 정규직과 비정규직으로 가르는 양극화, 도대체 이 양극화는 왜 자본주의 사회에서 더욱 극심해지는 것일까.

사회주의 하면 북한을 떠올리는데 북한의 사회주의는 사이비야. 더 말해서 뭐해. 반면 스웨덴, 핀란드, 노르웨이, 스칸디나비아반도에 있는 복지천국 세 나라를 보면 이곳도 사회주의의 형태를 띠지. 번 돈의 50% 이상을 나라에 꼬박꼬박 세금으로 갖다 바쳐야 해. 하지만 이곳의 사회주의는, 형식은 그러하나 국민이 개별적으로 져야 할 교육비, 의료비를 국가가 대부분 책임짐으로써 개인을 해방케 해. 사회주의의 정수지. 북한을 보고 사회주의를 비판하는 것은, 사이비를 보고 진짜를 비판하는 격이야. 만약 누군가 신천지를 갖고 개신교를 비판하면 수긍할 수 있겠어?

지금 우리 사회에서는 양극화가 극심해지고 있어. 이덕주 감신대 교수가 쓴 『기독교 사회주의 산책』이라는 책 구석구석은 내가 평소 지적했던 현실을 그대로 담고 있어.

"불만을 다스리지 않으면 평화는 깨질 수밖에 없습니다. 개인적인 불만이면 방화 정도로 끝나지만 집단적인 불만은 폭동으로 연결됩니다. 소득 불균형이 불가피한 자본주의 체제에서 사회적 평화와 안정을 유지하기 위해서라도 균형 분배를 담보할 수 있는 사회적 인식과 장치가 필요합니다. 기독교 사회주의는 바로 이런 문제를 해결하기 위한 고민에서 출발합니다."

해방 이전 극소수의 기독교 사회주의자 두 분 이야기를 해볼까 해. 우선 독립운동가이며 목사인 손정도라는 분이야. 이분은 성서의 가르침 속에서 사회주의 이념을 찾아냈어. "네게 있는 것을 다 팔아 가난한 사람을 구제하고 너는 나를 따르라"는 성서의 명령을 그리스도인의 구체적인 실천 강령으로 이해했어. 손정도는 '보으는' 자본주의보다 '나누는' 사회수의가 그리스도의 교훈에 더 가깝다고 익겼어. 미국 선교사들이 가르쳐준 '사본주의' 기독교는 부의 증대와 축적을 하나님의 축복이라고 가르쳤지만 성서에서 발견한 '사회주의' 기독교는 자기 소유를 이웃과 함께 나눔으로, 평등한 사회를 이룸으로 신의 나라를 건설하자고 가르친다는 것이야.

이호빈이라는 분도 살펴자고. 역시 목사이며, 내가 나온 강남대학교를 만든 분이야. 설교 가운데 일부를 들어보자고.

"신앙은 자기만 편안하고 영광받으려 해서는 안 되는 것입니다. 울부짖는 대중을 향하여 발길을 내딛는 삶이 참 신자로서 삶인 것입니다. 교회는 가장 불쌍한 사람들을 향해서 사랑의 손길을 내딛는 역사가 있어야 합니다. 교회는 어두운 사회의 빛을 발하여 어둠을 밝히는 역사를 위해서 자신을 희생하며 나서는 태도가 있어야 합니다."

이호빈은 분명 개인의 권리와 자유를 최대한 보장하는 자본주의보다 개인이 사회를 위해 양보하고 희생해야 한다는 사회주의가 하나님의 말씀에 가까웠음을 말하고 있어.

홍근수 향린교회 원로목사는 자본주의의 폐단을 '무한 경쟁'에서 찾아. 미국의 한 은행 광고에 '무엇이 미국을 위대한 나라로 만들었나?'라고 묻고 이에 대하여 대답하기를 '그것은 경쟁이라고 했다지. 그 낡고 천박한 처세술이 한 사회의 사상이 되고 지배논리가 된다. 그리고 우리나라에 전수돼. 아이들은 말 떼기가 무섭게 영어를 배우고 수학을 배워. 무한 경쟁에 돌입하지. 그 아이들, 행복하던가. 예수는 물론 예수의 공동체는 이러한 무자비한 경쟁을 합리화하거나 축복은커녕 인정한 적이 전혀 없었어. 생전 리영희 선생은 "미국 자본주의가 천박한 이유는, 그 사회에서 사회주의가 한 번도 시행된 바 없기 때문"이라고 했잖아. 그릇된 표본 몇 개로 본질 자체를 잊지 않았으면 해. 우리는 자본주의를 택하며 많은 것을 잃었어.

육봉기 성과의 팔할은 박정희 시대에 나온 거라고 봐야 해. 그런데 세월은 많이 지났지. 민주화운동도 거셌고, 시민의식도 크게 자랐어. 그런데 박정희는 죽었고, 육봉기는 여전해. 육봉기가 웃음거리가 되는 이유야. 지금은 국가가 거대한 연병장인 시대가 아니라고.

Part 3

육봉기 vs 김용민

가상 대화

대한민국 대표 목사와
목사 아들 돼지의 종교 배틀

대한민국을 대표하는 목사이자 세계적으로 수많은 교인들에게 존경받는 나, 육봉기에게 감히 허튼 딴지를 거는 목사 아들 돼지 김용민에게 나 육봉기가 묻노라. 그대의 수준 낮고 저열한 종교관을 만천하에 알려서 다시는 나와 같이 피해받는 참된 교인들이 발생하지 않도록 내 지금부터 철저히 검증하겠다. 사실 이 시간에 한 명의 길 잃은 어린 양을 만나야 함이 마땅하나 나 육봉기의 고귀하고 순결한 종교관을 더럽히려는 김용민 그대의 검은 속셈을 내 이번 기회에 낱낱이 폭로하겠노라. 그러니 사람들아, 이번 기회에 무엇이 진실이고 무엇이 거짓인지 지켜보게 될 것이다.

육봉기   높은 곳에 올라갈수록 겸손해지고자 끝없이 기도하는 나 육봉기가 묻는다. 나꼼수로 얻은 한 줌의 인기를 등에 업고 그대

김용민 너훈아의 창법에 문제가 있다고 말하는 게 나훈아를 비난하
는 것인가. 육봉기 목사는 예수가 아니다. 당신이 우스워서 우
습다고 말하는데 이게 어떻게 기독교 공격인가. 신이 누릴 영
광과 존엄을 무도하게 탈취해 그 권위를 행사한 삯군들을 욕
한 것이 기독교 모독일 수 있겠는가. 교인들도 그렇다. 이걸로
각종 상처받은 이들이 있다면 상처가 아니라 부서지고 깨지는
충격파가 필요하다. 온갖 오입질과 금전 사기에도 아멘, 아멘
하는 사람들에게 필요한 것은 나의 사과가 아니라 임상병리학
적 치료일 뿐이다. 나꼼수로 얻은 한 줌의 인기로나마 짱돌을
던질 힘을 얻어 보람이다. 어떤가. 우리 덕에 당신이 세계적
영적 지도자가 아니라, '영점' 지도자라는 본질이 확인되지 않
았나. 사람을 돈으로, 힘으로 제압하면 돌들이 다음 타자로 등
장할 것이다. 그리고 또 하나. 정말 상처받아서 지난 총선 당
시 나를 짓밟았나. 퍽이나 예수의 제자다운 짓이다.

육봉기 늘 막말, 저주, 폭언뿐이구만. 그러면 기독교인이라는 걸 감추
든지 신앙을 포기하든지 해야지, 예수 믿는다고 동네방네 떠

김용민 막말의 원조하면 세례 요한이지. 내가 만약 '독사의 자식'이라고 했다면 성경에 나오는 것이니 듣기 편한 욕이었다고 평했을까. 우선 나의 그 욕설이 왜 나왔는지에 관해 별 관심을 갖지 않는 것은 논리적으로 성실한 게 아니다. 이런 거에 구차하게 변명하지 않는 스타일이다만 할당된 지면이 있어 언급한다. 당시 언사는 유린당한 미군 범죄 피해자들의 아픔을 미국 최고 지도자들은 외면하지 말라는 취지다. 월드스타 싸이를 좀 엮어 보련다. 그도 노래에서 '이라크인을 고문하고 죽이는 미군과 그 가족을 고통스럽게, 천천히 죽이자'라고 했다. 내가 막말하던 2004년 바로 그해에 말이다. 이 말이 또 내 말이 옳다거나 아름답다거나 하는 뜻으로 곡해하지 마. 그러니까 그 이야기를 액면만 떼어 평할 건 아니라는 말이야. 그 맥락, 즉 콘텍스트적 이해가 따라야 한다고. 절대 강자의 횡포에 약자가 할 수 있는 유일한 저항으로 말이야. 이런 문제제기를 하는 육봉기 목사에게 되묻고자 해. 당신 성추문에는 욕정 외에 다른 어떤 콘텍스트가 있는가. 없다면 몸과 마음의 정결을 운운할 자격이 없는 것이고.

육봉기　이런 건방진… 그래, 여전히 신앙인이라고 떠들고 다닌다는 데, 어디 한번 들어보자. 네가 과연 구원을 받을 수 있다고 생각하나?

김용민　성추문 가해자로 추상 같은 책임론에 휘말린 당신을 무엇이 구원했던가. 돈 아닌가. 당신은 그렇게 쓰고도 남음이 있는 돈을 신의 은총으로 치환했겠지. 나에게 구원을 물었던가. 답하지. 신의 주권이라고 봐. 따라서 구원 여부를 인간의 관념과 지식으로 판단하는 것은 예단이라고 봐. 구원의 기준, 자격, 범위, 다 신이 아실 거라고. 인간끼리 구원의 문제를 놓고 시비 붙는 거, 그거 피차 월권하는 거라고. 그 월권이 문제야. 정죄와 배제, 소외의 문제가 발생하거든. 글쎄 나는 이러한데 당신 같은 부류의 목사들은 쉽게 구원받을 사람, 못 받을 사람으로 구분하더군. 충언하지. 당신은 신이 아니야. 누구도 당신에게 그 권위를 신탁하지 않았어. 신의 이름으로 또 하나의 성루를 쌓지 말고, 낮은 데로 임하시게.

육봉기　과연 주님의 몸된 교회를 비난하고도 천국에서 볼 수 있을지 두고보자고.

김용민　어차피 그렇게 될 것 같아. 그런데 육봉기 목사, 천국행을 확신하나?

육봉기　나는 세계적인 영적 지도자야. 한국교회 역사에 길이 남을 성공적 목회를 달성했다고. 흙으로 돌아간다면 자네와 내가 갈 길이 같을 수 없겠지. 자네가 철저하게 회개하지 않는다면.

김용민　성공하면 당신의 죄과가 모두 지워진다고 보는가. 성공만능주의, 승자무오주의. 하긴 육봉기 목사 당신만 그러는 게 아니지.

딴 이야기로 흐르는 것 같지만, 나는 18대 대통령 선거 결과는 부정선거의 소산이라고 봐. 국정원과 경찰 등 국가기관이 동원된 총체적 선거 개입이라고. 뿌리는 있어. '성공한 쿠데타는 단죄할 수 없다'는 말까지 운위했던 그들 아니겠어.

남양유업 밀어내기 강매, 항공사 승무원 폭행 '라면 상무' 사건 등 각계에서 갑을 문제가 돌연 불거져 나왔어. 우리는 못된 갑을 비난해. 그러나 그 갑이라는 자들도 실은 자신보다 높은 갑에게는 을일 뿐이야. 결국 을의 고통을 해소하는 방법은 을들이 서로의 고충에 대해 공감, 감정이입하고 그렇게 해서 서로 뭉쳐 갑과 싸우는 것이어야 해. 그런데 그런 사람이 있나. 더러운 을의 위치에서 점프업해 갑이 되면 그만이라고 생각할 뿐이지. 아이들에게 부모가 명문대 가라, 취업 위해 성형해라, 스펙 쌓아라 이러는 게 뭔가.

육봉기   성공지상주의라… 뭐 자네는 성공에 관심이 없나?

김용민   왜 없겠어. 나뿐 아니야. 불행히도 이런 생각이 젊은이들에게 만연해 있다고. 예전에 내가 20대 담론으로 한창 논란의 중심에 설 때였어. 의대생 커뮤니티에서 68혁명에서 프랑스 청년은 정신혁명을 일궜다고 말한 나를 비판한 한 학생이 이런 말을 하더군. 프랑스 68혁명은 실패한 봉기였다고. 정말일까. 프랑스 68혁명은 드골 정부의 실정과 사회의 모순으로 인한 저항운동과 총파업투쟁이지. 프랑스에서는 종교, 애국주의, 권위에 대한 복종 등의 보수적인 가치들을 대체하는 평등, 성해방, 인권, 공동체주의, 생태 등의 진보적인 이념들이 사회의 주된 가치로 자리매김했어.

그렇다면 왜 실패했다고 단정하느냐. 1968년 5월에 일어난 이 저항운동이 당시 드골 정권을 위태롭게 했지만, 권력의 무자비한 탄압으로 결국 드골은 힘을 다시 얻었고 그 다음 달 있었던 총선에서, 드골의 측근은 다음 해 대선에서 각각 승리하거든. 정치투쟁 면에서 본다면야 실패한 혁명이었지. 하지만 미국의 저명한 학자인 월러스틴은 "이제껏 세계적 혁명은 단 둘뿐이었다. 하나는 1848년에, 또 하나는 1968년에 일어났다. 둘 다 실패로 끝났지만 둘 다 세계를 뒤흔들어 놓았다"고 했어. 어쨌든 그러거나 말거나 진 건 진 건가.

육봉기 성해방이라고 했나? 68혁명의 여파로 프랑스에서는 동성애가 만연하는 후폭풍이 있었지. 나는 이 일로 하나님이 프랑스에서 떠났다고 봐.

김용민 당신 눈에는 그것밖에 안 보이나. 동성애에 대한 차별 금지는 글로벌 스탠더드야. 나는 동성애자가 아니고, 동성애에 대해서는 보수적 입장이지만, 당신처럼 벌레 보듯 하지 않아. 그게 논점은 아니니 이 정도로 생략하고.

그 의대생의 논리대로라면 5·18 광주 민주화운동도 실패한 것이지. 진압당했잖아. 나는 당시 그 의대생의 말과, 광주항쟁 당시 시신을 홍어로, 장례 치르는 것을 택배 배달로 묘사한 일간베스트의 철부지들이 생각났어. 일베의 정견은 쉽게 이야기해 이기는 놈이 장땡이라는 거야. 그들이 보수를 지지하는 것은 이겼기 때문이야. 오로지 그 이유야. 전두환을 왜 지지해? 이겼잖아. 광주를 왜 비난해? 졌잖아. 광주의 정신이 직선제 개헌이라는, 형식에 한정하지만 그래도 외피적 민주주의를 완성하는 내용적 토대가 됐다는 정신사적 의미는 안중에도 없어. 그냥 져서 싫은 거야.

일베 가보라고. 한때 자기가 사회 '루저'가 아니라는 것을 증명하기 위해서 학력인증이 러시였어. 소설가 백가흠 씨는 학력인증이라는 행위가 자신이 사회에서 패배하지 않았다는 것을 증명하는 유일한 줄이라고 믿는다고 봤어. '나는 패하지 않았다'는 선언이지. 하지만 표창원 전 경찰대 교수는 일베 회원 중 상당수가 강하고 능력 있는 '남자'이고 싶지만 경쟁에서 탈락해 인정 못 받는 현실에 좌절, 이를 약자 공격으로 분풀이하고 있다고 봐. 이들은 성공지상주의의 포로이며 피해자인 거지. 일베가 소멸하는 가장 확실한 길은 사이트 폐쇄가 아니야. 반새누리당 진영이 선거에서 계속 이기면 돼.

육봉기 흥, 진보가 선거에서 이길 수 있다고 보나? 김정은과 핵개발을 찬양하는 수구 중에 수구인 놈들에게는 미래가 없어. 허, 그러면 일베는 번창하겠네.

김용민 일베만 두고 할 이야기는 아니야. 요즘 청년들. 이들의 살아온 과정을 보면, 정말 한 치의 오차도 없는 경쟁 경쟁 경쟁의 인생이야. 고등학교 때까지야 나도 비슷했지만 대학 가서는 안 그랬거든. MT가 있었고, 늦은 밤까지 술자리가 있었고, 시위 투쟁 같은 협동과 연대도 있었다고. 요즘 그런 거 없어. 우석훈 박사는 상대평가 때문이라고 지적해. 단순 교양과목도 A플러스는 몇 명, A는 몇 명 이렇게 정해버리는 거지. 조선, 중앙일보 같은 신문은 이런 상대평가를 우수 학교의 척도로 삼고 있어. 대학생들의 개인주의화, 탈정치화 나아가 성공지상주의를 불러 우파가 연전연승하기 좋은 토양을 만드는 데 이 대학평가가 한 몫을 하고 있다는 생각을 지울 길이 없어. 지금은 안 그런가. 성공지상수의의 포로, 피해자인 일베가 양산되지 않을 수 없는 구조잖아. 얼마 전 키 180cm가 넘지 않으면 루저라는 말을 했던 여대생 발언이 외모지상주의 논란을 불렀지. 외모지상주의 역시 성공지상주의와 양면이야.

육봉기 경쟁이 무조건 나쁜 것만은 아니야. 순기능을 무시하지 말라고.

김용민 물론 경쟁의 순기능도 있어. 그러나 건강한 경쟁은 최선을 다한 패자도 박수받는 구조여야 하지 않겠어. 〈슈퍼스타K〉를 보면 비판도 많지만, 이런 점만은 좋아. 거기서 등수는 하나의 쇼적 장치일 뿐 음악 실력을 가르는 계급이나 서열이 아니라는 거지. 예선탈락을 해도, 본선진출해도 최선을 다한 사람, 가수로서의 끼를 유감없이 보여준 이에게는 박수와 격려가 쏟아지잖아. 그러나 사회는 어때. 1등 아니면 쳐주지 않아. '1등만 기억하는 더러운 세상'이란 말이 왜 나왔겠어. 간발의 차로 이겼고, 그 와중에 국가기관이 동원해 자행된 부정선거였는데도 1등했다는 이유만으로 철권통치를 행사하는 현 정권을 보면 마음이 쉬 가라앉지 않아.

교회는 또 어때. 교인 수가 많아야, 헌금액수가 많아야 성공한 것인 양 척도를 삼아. 막스 베버의 개신교와 자본주의에 대한 그릇된 이해 때문이야. 그의 주장대로라면, 열심히 일해 부자가 되는 것은 하나님의 순리잖아. 이러면 부자가 안 되는 것은 불성실, 불순종의 표상이 돼. 예수 믿으면 부자가 된다는 저급한 복음의 원리는 산업화를 거치면서 신자유주의가 들끓는 시점에는 경쟁주의, 적자생존논리까지 더해져. 큰 게 좋다고 주창했던 로버트 슐러의 교회가 그러하고, 조용기 목사의 교회가 그러해. 로버트 슐러의 수정교회는 매각되고 가족끼리 불화상태야. 조용기 목사는 여의도순복음교회 돈 150억을 손해 입힌 것으로 파악됐어. 그런 조용기 목사는 "내가 교회 돈을 단 10원이라도 건드리면 미친 놈"이라고 했었던 주인공이지.

육봉기　흐흠….

김용민　성경의 역사를 돌이켜보면, 절대 많은 것을 가진 자, 힘 있는 자의 편에 서지 않는 신을 발견해. 어떤 목사가 했던 설교를 그대로 인용할게. "하나님은 둘째 아들인 아벨과 야곱의 손을 들어주셨고, 야곱의 열한 번째 아들이자 루저와 같은 종살이를 해왔던 요셉을 통해 역사하셨다. 사무엘을 낳은 한나와 이새의 아들들 중 막내인 다윗, 심지어 예수님노 루서와 같은 삶을 사신 것이다. 예수님께서는 우리 약힌 인긴이 어떻게 하나님께 나아가야 한다는 것을 보여주셨다. 약한 자들을 부르시는 하나님의 자녀된 우리는 하나님의 은총과 축복을 입은 사람이다." 이 설교를 한 사람은 이명박 장로가 시무했던 소망교회 김지철 목사야.

육봉기   거기서 이명박이 왜 나오나. 또 왜 자꾸 강자와 약자를 나눠. 너네 진보는 그렇게 갈라먹고 싸움박질 해야 존재감이 생기는 모양이지? 아무 짝에도 쓸모없는 분열주의자들.

김용민   툭하면 어느 지역 출신이냐, 학벌은 어떠냐, 종교는 뭐냐, 외모를 보자, 이러며 사람에게 격과 급을 부여하는 당신 같은 목사들부터 반성하면 그거 인정하고 나도 반성하지. 분열주의라 말하지마. 약한 자를 강하게 강한 자를 부끄럽게 하는 것은 성서에도 강조되는 부분이야. 따지고 보자고. 성서는 명백한 약자 편이야. 그렇다면 신은 왜 약자를 들어 자신이 하고자 하는 일을 실현하려 했을까. 강한 자를 부끄럽게 하기 위해서야. 약자는 기본적으로 자기 빈자리를 잘 알거든. 이 빈자리에 신이 들어와 일하도록 문을 열어둬. 강자에게는 그 빈자리가 적어. 스스로 자신의 한계와 부족함을 신에게 고할 줄 아는 자세, 이것이 우리 안에 신의 개입을 가능케 할 힘이 되지 않겠어.

육봉기   그러니까 예수를 믿어봐. 날마다 건강하고, 부요하며, 형통하단 말이야. 그런 경험 못해봤지? 예수 믿으라고, 이 친구야.

김용민   예수가 요술 방망이인가. 동의하지 않아. 당신은 역사 속 예수의 실존을 고민해본 적이 있나. 다시 말해 성서에 기록된 예수의 이적이 과연 사실일까 하는 신학적 의문이 거의 1천 년 동안 이어졌어. 육봉기 목사 당신도 예수가 초능력자이고 무조건 승자이고 그런데 왜 의심하는가 하는 마음을 가질 거라고.

육봉기 당연하지.

김용민 그런데 이론의 여지가 없는, 사실 여부 논란이 불필요한 역사적 예수는 그런 화려한 영예를 마다하고 처절한 패배의 길을 보여준 주인공이야. 자신의 부활을 보게 한 사람은 극소수지만, 고난당해서 죽음에 이르는 과정은 당대 그 지역에 살고 있던 모든 사람에게 노출했어. 예루살렘 떠나가라 갈릴리 떠나가라 그 신기한 승리의 징표인 부활을 왜 모두 보여주지 않아서 1천년 동안 논란과 의심을 부른 것일까. 이적에 눈이 가려 루저의 하나님, 약자의 그리스도였던 자신이 사라질까 봐 그랬을 것은 아닐지. 어쩌면 부활하지 않은 채 십자가에 매달려 죽은 청년으로서 알려져도 괘념치 않겠다는 생각은 아니었을까 생각해. 성공지상주의, 이것은 예수와 무관해. 개신교 성장에 감동과 교훈이 적은 이유는 예수의 정신이 외면된 채 이정체없고 변태적이기까지 한 승리지상주의에만 매몰됨 때문은 아닐까. 이 근원도 알 수 없는 속물적 성취 논리를 버리지 않는 한, 개신교에게는 볕들 날이 없을 거야. 나의 '비난'은 이러한 이유에서야. 공감 여부는 당신의 자유고.

육봉기 그래서, 막말꾼 당신은 예수님의 동정녀 탄생, 이적, 육체 고난, 부활, 승천을 안 믿는다는 거야?

김용민 신자의 입장에서 나는 믿어. 그러나 그것이 사실이냐 아니냐를 놓고 고민하고 해답을 찾으려 애쓰는 노력 또한 가상하고, 그것이 지성의 종교로서 개신교가 추구할 역할이라고 봐. 문제는 이거야. 십자가에 달린 예수의 몸에 형식과 규율, 교리를 덧씌워 어색한 허울을 만드는 것. 이것이 진정한 기독교라고 말할 수는 없겠지. 예수 그대로를 직시했으면 해. 예수의 일생은 '도발'의 연속이었어. 예루살렘이 아닌 변방 도시 갈릴리에서 하늘나라를 선포했잖아. 낮은 자와 어울리며 치유의 역사를 베풀었어. 성전을 정화했어. 십자가에 달려 죽음으로 인류의 죄를 사하기도 한 거지. 이 모든 것이 당대 기득권자들을 위협했던 도전이었어. 기득권자라고 따로 계급이 상존하는 것은 아니지. 누구나 기득권자가 될 수 있으며, 어느 지점 또 시점에서는 이미 기득권자일 수 있어. 그러나 기독교와 기득권이 교집합할 여지는 없어. 하늘 보좌를 버리고 왔으나 세상 권세에 의해 살해된 예수를 믿으려 한다면.

육봉기 이제 보니까 욕설도 잘하지만 요설도 잘 늘어놓는군.

김용민 말 바로 하자. 내가 기독교를 모독했다고? 권력으로서, 이익 단체로서 기독교가 상처를 입었을는지는 모르겠어. 찬송가 '노가바(노래 가사 바꿔 부르기)' 했다고, 목사복 입고 코스프레했다고, 그게 모독이면 또 금기면 세상이 웃어. 찬송가, 목사복 그게 예수와 무슨 상관이 있는데. 그러나 내 안에 예수에 대한 경외감은 여전해. 그래서 나는 육봉기 당신과 예수를 분리하기 위해 애쓰고 있어. 사실 부패와 신자 수 부흥이 동반 정비례 성장하는 육봉기, 그가 전도하는 예수를 누가 믿고 싶어하겠나. 당신이 대한민국을 대표하는 진정한 하늘의 종이라, 쯤 그렇지 않아.

육봉기 차라리 예수가 없다고 해! 신은 죽었다고 해! 왜 교회 주변을 얼쩡이며 신자들을 미혹하고 주님을 모독해! 너, 정말 기독교인 맞아?

김용민 나는 알다시피 욕을 잘해. 찰지기까지 해. 그래서 자학 반, PR

반해서 '국민 욕쟁이'를 선언하고 말았지. 그런 나는 (지적받은 대로) 일요일이면 종교인의 역할까지 해. 참 골 때리는 운명이야. 그런데 우리 교회(벙커1교회)는 십자가 탑등을 켜는 전국 5만 개가 못하는 일을 하고 있어. 소중한 한 영혼, 한 영혼들이건만 상처와 배신감을 안고는 교회를 등진 이들, 이들을 끌어안고 있거든. 그리고 1년을 보냈어. 규율과 형식이 교회의 기틀이 돼서는 안 된다고 봤지만 자랑 좀 할게. 우리 교회는 직분, 교인 등록제, 헌금함이 없어. 교회 본질을 왜곡하는 족쇄가 되어버린 형식을 털어낸 거야. 교회 내 계급으로 여겨지는 직분과 교회 규모 관리 수단으로 전락한 교인 등록제는 하지 않아. 헌금은 나눔이 필요한 곳에 각자 직접 기부하면 된다고. 육봉기 목사, 당신 교회, 이렇게 할 수 있어? 불가능할 거야. 우리는 가능해. 왜냐. 더는 잃을 게 없거든. 동의하지? 나에게는 아무 것도 없다는 것을. 종교인의 자세는 이러해야 해. 그래야 언제든 모든 것을 포기하고 내려놓을 수 있다고. 벙커1교회의 힘은 언제든 망할 수 있는 구조에 있어. 도덕적 기틀은 완전히 상실된 상황에서 알량한 깃발만 붙잡고 주체하는 기성교회와는 다른 점이야. 여전히 나를 경계하는 것 같은데, 아마도 그럴 만큼 위협을 느끼는 이유를 내가 짚어준다면, 나의 '더 이상 잃을 게 없다'는 점 아닐까.

육봉기   대형교회를 또 모독하는군. 네가 하는 것만 옳고 다른 교회는 다 그릇됐다는 주장은 이단 사이비 초기증상 아닌가.

김용민   대형교회를 매도하지 않아. 선거 전만 해도 한 대형교회에 나갔거든. 나는 원로가 된 그 교회 목사에 대해 일전에 이런 글을 쓴 바가 있어. 읽어보라고.

"3년간 이동원 목사를 '사찰'했습니다"

저는 2008년부터 3년간 이동원 목사가 시무했던 지구촌교회에 출석했습니다. 집에서 배우 가깝고 무엇보다도 아내가 일찌감치 터를 잡았기에 그랬습니다. 그러나 3만 명 이상 모이는 '대형교회'라는 점이 늘 마음속에 짐이었습니다.

그래서 언제라도 '뜨기' 위한 명분을 찾고자 했습니다. '내가 왜 저런 설교를 듣고 있어야 하나'라고 할 요량으로 말입니다. 그래서 이동원 목사가 강단에 서서 설교하는 내내 시국 발언을 '감청'했습니다. 꼬투리를 잡아서 다른 교회에 나갈 명분을 삼으려 했던 것이지요. 일이 쉬울 거라 생각했습니다. 교회가 용인 수지라는 부촌에 위치한 터라 보수적 지향의 설교를 해도 무방할 환경이니 말입니다. 결론부터 말하자면 실패했습니다.

그는 적어도 퇴임하기 3년 이전까지 시사 현안에 대해 조금도 경도됨 없이 자로 잰 듯한 균형감을 설교 내내 지켰습니다. 저처럼 수구 성향에 진저리내는 사람이 '괜찮다'라고 할 정도이니, 거꾸로 우파적 시국관을 가진 이들은 갈증을 냈을지 모르겠습니다.

물론 이런 '검증' 과정에서 시험이 없었던 것은 아닙니다. 개신교계 우파 단체인 기독교사회책임이 2008년 7월 10일 개신교 목사 9,101명의 동의를 받았다면서 "해소되지 않은 우려는 정부와 국회에 맡기자"는 내용의 촛불집회 중지 촉구 성명서를 발표했습니다. 촛불에 찬물을 끼얹는 친정부 성향 목사들의 준동이었지요. 이들이 발표한 명단엔 내로라하는 대형교회 목사들이 총망라되다시피 했는데 우려했던 대로 이동원 목사도 일원이었습니다.

납득할 만한 후속 조치는 물론 진정성 있는 성찰도 없는 정부. 이 정부의 국면 타개책에 힘을 실어주는 반민주 반민중적 행태에 그도 함께한 것입니다. 항의의 글을 교회 온라인 건의함에 올렸습니다. 그랬더니 그날, 당시 비서실장이던 양광모 목사(현 정릉제일교회 담임)가 '담임 목사를 대신해 보내는 것'이라며 답장을 보내왔습니다.

"(중략) 기독교사회책임에서 발표한 '시국 안정을 바라는 목회자 일동' 명의의 촛불집회 중지 호소문과 관련하여 말씀드리겠습니다. 이 일에 대하여 우리 지구촌교회나 이동원 목사님께서는 동의나 서명을 하신 사실이 없습니다. 물론 기독교사회책임에 몸담고 일하시는 분들도 나라를 사랑하고 아끼는 마음이야 동일하리라 믿지만 그렇다고 동의나 허락 없이 자신들의 주장에 영향력 있다고 판단되는 목사님의 성함을 동원하는 일은 도덕적이지 못하다고 판단됩니다. 따라서 저희 사역조정실에서도 이 일로 인해 공식적인 항의를 하고 우리의 동의 없이 무리수를 둔 사실에 대해 책임을 물을 예정입니다."

그리고 얼마 뒤인 7월 24일자 〈한겨레〉에는 이런 기사가 실렸습니다.

"기독교사회책임(대표·서경석 목사)이 목사들의 촛불 중지 촉구 성명서를 발표하면서 본인이 동의하지 않은 명단을 포함시킨 것으로 드러났다. (중략) 명단에 포함된 이동원 목사가 시무하는 지구촌교회 등에서 본인 동의나 확인 없이 명단에 포함된 데 대해 항의하자 기독교사회책임은 지난 21일 이동원 목사와 홍문수 목사(신반포교회), 전성표 목사(이웃사랑교회), 송태근 목사(강남교회), 나핵집 목사(열림교회), 정준경 목사(뜨인돌교회) 등 6명은 실무자의 실수로 잘못 기재됐다고 잘못을 시인했다."

하지만 이동원 목사는 이명박 대통령을 위한 교회 공동의 기도를 수차례 교인에게 요구했습니다. 대통령의 선정(善政)을 위한 내용이었습니다. 이를 '장로 대통령'에 대한 '맹목적 애정'의 표현으로 봐야 할까요. 저는 그렇게 받아들이지 않았습니다. 부적격 인사 등용으로 나라가 온통 시끄러울 때 했던 언급을 잊지 못하기 때문입니다. "이제는 도덕적이고 정직한 인물이 기용되도록 함께 기도합시다"라는.

이렇게 '사찰'하기를 3년. 이동원 목사가 지난 연말로 은퇴했습니다. 그것도 통상 정년인 일흔에서 5년이나 빠른 시점에. 사실상 본인의 역량으로 세운 교회인데 기득권에 집착 않는 모습은 당연하지만 기이했습니다. 담임목사 이취임 예배. 그는 또 한 번의 파격을 연출합니다.

"다섯 가지 참회합니다. 하나, 조국의 민주화 운동이 한창일 때 아무런 기여를 하지 못하고 방관자로 살아온 일과, 지도하던 청년들에게도 행동을 촉구하지 못한 일.

둘, 목회 마당에서 마음으로 소외되고 연약한 성도들을 돌보는 목회를 하려 했으나, 그들의 눈물과 아픔에 제대로 동참하지 못한 일.

셋, 바로 살아야 한다고 설교하면서도 제가 그대로 행하지 못하여 언행일치의 모범을 보이지 못한 일.

넷, 올곧게 살아가지 못한 성도들, 교회 내 부유한 기득권층에 대하여 그들이 상처받을 것을 두려워해 회개를 촉구하고 예언자적인 설교를 제대로 하지 못한 일.

다섯, 의도하지는 않았으나 목회하는 동안 나 자신의 부주의한 말과 경솔한 행동으로 성도들의 마음을 섭섭하게 했던 소소한 일상의 모든 부덕.”

찬사와 격려의 말이 난무할 자리에 자성(自省)의 말로 숙연케 한 그. 그의 목회의 핵심은 ‘염치를 앎’이었습니다.

공교로운 사찰 결과입니다. 그에게는 결벽증이 있습니다. 교회가 결코 책잡힐 일을 해서는 안 된다는 강박이랄까요. 그의 교회가 대규모인 터라 이런 관념은 더 심했던 것 같습니다. 그는 ‘목장 교회’의 중요성을 거듭 강조했습니다. 교회의 대형화로 인해 놓칠 수 있는 공동체성을 붙잡으려 했던 것입니다. “목장 교회 출석을 안 하며 지구촌교회 교인이라 말하지 말라”던 그의 언성은 아직도 귀에 쟁쟁합니다. 장애인, 노인 등 사회적 약자를 돕고 에너지를 절약하는 등 공익사업에 정력을 쏟는 모습은 제 배 불리는 데 급급한 대형교회의 이미지를 씻으려는 노력이었습니다. 납치된 분당샘물교회 의료봉사단이 풀려나자 석방 협상 과정에서 국가의 금전적 손해를 나누겠다고도 했습니다. (그 후속 과정은 잘 모르겠습니다만, 교회가 온 사회로부터 집단 따돌림을 당할 때 그의 목소리는 참 많은 그리스도인에게 위로가 됐습니다.) ‘돈 바라는 목사’라는 이미지를 벗기 위해 퇴임하며 자신에게 부여된 주택, 재산을 모두 교회에 내놓았습니다.

소돔과 고모라에 10명의 의인이 아쉬웠듯, 한국의 대형교회에 이런 목사가 10명만 있었다면 어땠을까 하는 생각입니다. 이보다 앞서 리더십 교체기를 거친 광성교회, 소망교회는 여전히 원로 목사와 담임목사의 틈바구니에서 교인들이 숱한 번민과 갈등에 휘말리고 있습니다. 그의 마지막 실험, '훌륭한 원로 목사 되기'의 결과가 주목됩니다. 부디 성공해, 후배들이 헌사(獻辭)한 '한국의 스펄전'이라는 명성이 더욱 빛나기를 기원합니다.

(《복음과 상황》 2011년 1월호)

다른 대형교회가 이 목사에게서 많은 거 배울 거 없어. '염치' 딱 하나 이것만 배우라고. 그 '염치'가 없어서 사달이 나는 거 아니야?

육봉기 이봐, 김용민. 염치보다 더 중요한 게 뭔지 알아? 예수 그리스도를 믿는 신앙이라고. 당신은 신앙인으로서의 기본적 자세와 가치관이 없거나 잘못돼 있어.

김용민 내가 육봉기 목사 당신 기준에 맞출 이유는 없지. 내가 신앙인으로서 사표로 삼는 사람은 바로 고 김대중 전 대통령이야. 가톨릭 신자로서 누구보다도 예수를 사랑했고 따르려 했던 고인은 생전 CBS와의 인터뷰에서 "1972년 일본 도쿄에서 중앙정보부 요원에게 납치돼 동해바다에 던져질 무렵이었다. 그때 내 앞에 예수님이 나타났다. 나는 예수님에게 '내가 아직 국민을 위해 할 일이 있으니 제발 살려 주십시오'라고 간청했다"라고 했어. 고인은 또 약자 배려가 자신의 정치 철학이며 신앙고백이라 술회했고. "가난한 사람을 섬기는 것이 곧 하나님을 섬기는 것"이라고 말이다. 한 누리꾼은 말했어. "신앙의 사유화는 죄다. 진실로 회심한 사람의 삶은, '역사 속에서' 그 회심의 열매를 나타낸다." 신앙의 목적을 개인의 복락과 안위에서만 찾으려는 사람들은 이 발언의 본질을 헤아리기 힘들겠지. 고인의 기치가 무엇일까. '행동하는 양심' 아닐까. 이는 '실천하는 신앙'의 양면일 거라고. 육봉기 목사 당신 같은 부류의 목사들은 예수를 믿으면 건강, 출세, 재테크 등 현세의 복을 받는다며 싸구려 복음을 앞세워 교세를 늘려왔어. 이기심, 욕망을 자극해 만든 신앙은 결국 지독한 이기주의만 만들어냈고, 폐쇄적이며 사회적 책임을 등한시하는 개신교의 이미지를 고착시키는 데 큰 기여를 했다고. 김용민이 구설수에 오른다고? 설마 온갖 성추문에 휘말린 육봉기 목사 당신만 하겠나.

육봉기 자네, 성경은 읽나.

김용민 읽지. 그러나 당신과 같은 관점일 필요는 없어. 나는 성서를 보는 눈이 달라져야 한다고 봐. 보수 교회는 하나님의 영감을 받아 기록한 성경이기 때문에 일자일획도 오류가 없다고 강변하지. 따라서 유대인의 창세 신화와 종교, 역사와 전설을 담은 구약도 무오류라고 믿어. 우리가 교과서에서 배운 것은 한 46억 년 된다는 것 아닌가. 구약을 보면, 우주 역사는 길어야 1만여 년에 불과하다고 말해. 인류 조상 아담은 흙으로 빚어 만들었고, 이브는 아담의 갈비뼈에서 탄생했다는 것이지. 지구를 뒤덮었다는 노아의 홍수는 4000~5000년 전에 발생한 것이야. 그렇다면 이때쯤 역사는 홍수로 완전 리셋됐다는 것 아닌가.

성서의 각종 이야기를 과학적으로 입증하려는 시도가 있었어. 창조과학회가 그렇지. 얼마 전 세계적인 과학저널 〈네이처〉가 한국의 진화론 반대자들이 주류 과학계에서 승리하고 있다고 보도한 내용이 있는데, 한국 과학교육의 상징인 카이스트에 한때 창조과학전시관이 설립된 것이나, 시조새와 말의 진화 과정이 삭제되거나 수정되는 것은 그 결과라는 이야기야. 미국의 소셜 네트워크 포럼인 '레딧 세계뉴스'라는 매체에 '한국, 창조론자에 굴복'이라는 기사가 실렸는데, 고교 과학교과서가 진화의 증거를 없애기 시작했다고 전해. 댓글이 가장 많이 달린 이 기사엔 "고마워요 한국인들, 우리 미국인들을 덜 멍청하게 해줘서"라는 내용도 있었다네. 한국 기독교인들이 가장 멍청하다는 비아냥이겠지.

물론 진화의 증거로서 시조새나 말은 1970년대부터 이미 학계에서 적잖은 논란이 벌어졌던 터였어. '확인된 사실만 가르친다'는 학교 입장에서는 일찍이 조정했어야 할 부분이었다는 평가도 있는 거지. 그러나 진화론의 허구가 창조론의 과학적 사실 입증으로 말할 수 있을까. 진중권에게 잘못된 점이 있다고, 변희재의 정당성이 입증된다고 말할 수는 없잖아. 경향신문은 그래서 "과학적 근거에 대한 시비를 나무랄 순 없다. 그러나 신화를 과학이라고 주장하고, 믿음을 증거라고 들이대선 안 된다. 종교가 정치와 결합해 얻은 권력으로 과학까지 지배하려 해선 더더욱 안 된다"고 짚었어.

육봉기   하나님의 창조 섭리 아래에 과학이 있는 거라고. 신앙과 과학을 분리하지 마.

김용민   과학에서 규정하는 정의는 한계가 있어. 신앙이 과학으로 규명될 수 있다고 보나. 그런 위험한 발상이 어디 있어. 그러면 부활도 과학적 규명이 가능하겠구만. 논점을 흐리지 마. 지금 우리는 어떻게 성서를 봐야 할까를 고민해야 한다고. 여기서 우리는 텍스트와 콘텍스트라는 어려운 말을 살필 필요가 있어. 아까 콘텍스트 이야기가 나왔지? 텍스트, 즉 글이라 함은 콘텍스트, 즉 맥락을 짚어야 해. 성경에는 분명히 상식에 어긋나는 이야기 또 오류가 있어. 이건 기본적으로 인정해야 한다고. 인정하지 않고 사실이라며 강변하려드는 순간 우리는 바보가 돼. 바보가 되는 게 두려워서가 아니야. 논리적 정합성에 기초하려 노력하는 것이, 인간에게 지능과 지성을 준 하나님의 뜻에 맞다는 것이라고.

육봉기   아는 것이 많은 교인은 불만도 많고 지적질도 많지. 은혜를 덜 받게 돼 있어. 마음을 비우고, 머리를 비워야 예수를 만날 수 있어.

김용민   보라고. 상념과 분석을 불필요하게 여기는 신앙 속에 맹목과

폭력이 튼타. 육봉기 목사, 그런 거 너무 좋아하지 마. 무조건적 맹신이 부르는 결과가 뭐였어? 남의 종교에 대한 배척 또한 신천지의 발호 아니었나.

케임브리지의 정치사상역사가인 퀜틴 스키너가 쓴 어려운 책 『역사를 읽는 방법』을 보면, 사상가들이 쓴 고전은 역사적 콘텍스트 속에서 읽어야 한다는 것이야. 노아의 이야기로 풀어보자고. 그게 사실인가. 사실인지 아닌지 불분명해. 수천 년 전 일이라 규명하기란 쉽지 않아. 게다가 스토리보드가 만화 같아. 상식에 기초해 읽기란 쉽지 않아. 그렇다면 이런 이야기를 왜 성서의 기자는 기록했을까. 콘텍스트적인 접근이 필요해.

육봉기 좋아. 그러면 노아의 홍수, 그건 어떻게 볼 건데.

김용민 최형묵 목사의 글을 또 한 번 인용할까 해. "노아의 홍수 이야기는 혼돈과 공포의 상징으로서 물의 의미를 보여준다. 이 이야기가 검증 가능한 역사적 사실일까? (중략) 그 사실을 확인하기는 어렵다. 매우 국지적일 수도 있고, 전면적일 수도 있는 어떤 자연재해를 단순한 자연재해로 보지 않고 인간의 타락과

연계시켜 이해한 성서의 관점이 독특할 뿐이다. 이것은 인간 사회의 문제를 매우 심각하게 다루고 있는 성서적 통찰의 한 특성을 잘 드러내준다." 여기서 진짜 핵심이 나와. "신화는 표현 그대로 사실이 아니라 은유다. 그러므로 우리는 은유와 사실의 관계를 혼동해서는 안 된다. 다만 특정한 은유가 등장한 역사적·문화적 배경을 헤아려 신화에 접근할 때 우리는 그 의미 또는 메시지를 훨씬 더 잘 이해할 수 있다." 맞아. 한겨레 곽병찬 논설위원의 글이야. "과학·역사적 사실과의 충돌은 피할 수 없었다. 근대 서구에서 성서를 신도의 삶과 신앙생활의 표준으로 받아들이되, 역사·문화적 맥락 속에서 재해석하고 그 의미를 찾아야 하는 텍스트로 읽는 흐름이 우세해진 건 이런 까닭이었다. 근본주의 교회들은 이런 자유주의 신학을 이단시했다."

구약의 이야기들을 보면 일종의 패턴이 있어. 인간이 타락하면 하나님이 징계를 내리고 곧 구원과 회복의 은총을 내린다는 것이야. 보수 교회의 문제점 중 하나는 텍스트를 사실로써 덮어놓고 맹신하려는 것도 있지만, 콘텍스트를 잘못 짚어내는 것도 있어. 우리는 삼손 이야기에서 삼손의 힘에 열광해. 솔직히 그렇지 않아? 삼손이 블레셋 사람들을 무찔렀다는 이야기에서 큰 문제의식이 없다고. 블레셋의 영역에 들어가 그 사람들과 사귀고 싸우는 과정 또한 그러하지. 그러다가 하나님의 뜻을 거역해 여자에게 홀렸고, 두 눈을 잃고 무능하게 묶인 것에서 죄 지으면 힘이 없어지는 장면이 이어져. 또 삼손이 마지막 괴력을 다해 블레셋을 무찔러. 무절제한 남성적 힘, 이거에 대한 문제의식이 불필요한가. 하나님의 선택을 받으면 힘을 얻고, 버림받으면 그 힘을 잃게 된다는 허무한 견해, 인문학적 성찰이 없으면 사고는 여기서 멈추기 마련이야.

우리가 당면한 현실에서도 텍스트 자체가 아니라 콘텍스트적 고민이 있어야 해. 쌍용자동차 해고 노동자들의 대한문 앞 농성, 조선일보를 비롯한 보수 세력은 텍스트만 이야기해. 불법 점거니 도시미관 훼손이니 하는. 아주 날조된 이야기는 아니지. 그러나 그들은 파편의 사실만 말해. 그들이 왜 거리로 나왔는지, 그에 대한 콘텍스트적 고민을 외면하잖아.

성서는 이렇게 봐야 해. 그래야 인류를 사랑하는 신의 뜻에 좀 더 가까이 다가갈 수 있다고.

 성경을 뭐 그리 복잡하게 보나. 있는 그대로 믿고 따르는 것은 신앙인의 기본적인 자세야.

김용민 그렇다면 성서를 읽는 것은 물론이거니와, 모든 사물과 현상을 이야기할 때 꼭 필요한 자세를 일러주지. 신화화를 경계해.

다윗은 이스라엘 유대민족에게 영웅이며, 아울러 예수님의 할아버지로 연결지으려 노력할 만큼 후대에 의해 영예로 덮칠된 존재야. 그런데 이런 생각은 안 해봤나. 다윗의 이야기, 정말 사실일까.

성서 안에서도 팩트가 충돌해. 사무엘상 17장을 보면 골리앗을 죽이는 다윗의 모습이 나오지. 그런데 사무엘하 편에선 전혀 엉뚱한 사람 엘하난이라는 사람이 골리앗을 죽인 것으로 나와 있어. 어찌된 일일까. 그래서 후대 신학자 중에는 골리앗이 통명이인일 것이라는 설을 세기했어. 다윗이 죽인 골리앗과 엘하난이라는 사람이 죽인 골리앗은 둘 다 블레셋인이고 거인으로 묘사되어 있으므로 동명이인일 가능성은 없어 보인다는 게 대체적인 분석이야. 두 번째는 엘하난은 다윗이 왕이 되기 전에 갖고 있던 이름이었다는 설이야. 다시 이야기해, 엘하난과 다윗은 이명동인이라는 말이야. 그러나 이 역시도 신빙성이 낮다는 게 보편적인 평가야. 아울러 골리앗이 죽은 시점이 다윗이 왕이 된 이후라는 설도 설득력 있게 나와. 골리앗을 죽여 꼬마시절 영웅이 되고, 훗날 왕이 된 것이 아니라는 이야기지.

결론을 집약하자면, 사울이 죽고 다윗이 다스릴 때 블레셋족과 전쟁이 있었어. 그때 다윗의 명을 받은 엘하난이라는 장수가 거한 골리앗을 죽여. 훗날 이 사건을 기록하던 사람이 시대를 앞당겨 어린 다윗이 골리앗을 죽인 것으로 윤색했다는 것이야. 다윗에 대한 충성심과 존경심에 다윗의 명을 받은 한 장수가 죽인 골리앗을 다윗이 어린 시절 직접 죽인 것으로 윤색했다는 이야기인데. 누가 그러던데 세종대왕이 직접 한글을 만들었나, 이순신 장군이 직접 거북선을 만들었겠나라고. 하지만 여하간 소년 다윗 이야기는 설화에 가깝다는 게 정설이라고.

육봉기　　설화라고 했나. 그러면 단군신화처럼 허구의 사실로 꾸민 거라는 말이야?

김용민 구약에서의 일화들 중 설화인 게 많아. 40% 정도라는 지적도 있어. 물론 그 설화를 지어낸 이야기가 아니라 사실로써 구전된 것이라는 주장을 펴는 이들도 많아. 게다가 천지창조, 에덴동산, 노아의 홍수, 바벨탑 내용은 주변 소수민족의 신화를 적당히 베낀 것이라는 지적도 있어. 기독교가 공인된 이래에 그 숱한 신화들이 하나의 정설, 팩트, 과학적 사실로 규정된 면도 있다고. 그러나 그것이 신화적 언어라 해도 인간의 문화와 삶의 본질, 그리고 그 실존적 모습이 그대로 녹아 있다는 주장이 있어. 이건 이상성 연세대 신과대학 연구원이 한 말인데, 구약성서의 하나님은 많은 관점을 우리에게 제시하며 특히 그 중에서도 인간에게 끊임없이 정의와 평등, 조화의 인간 및 자연의 삶을 권장하고 독려하며 그 길을 걸어갈 것을 제시하고 있다는 점, 이 가치에 주목해야 한다는 것이야. 이 말은 도올 선생이 "기독교는 유대민족 우월성, 신화 같은 구라로 점철된 구약을 버려야 한다"는 데 대한 반론이기도 해.

육봉기 정말 머리가 복잡하군. 있는 그대로 믿지 못하는 성경이라면 버려야지. 안 그래? 교회를 삐딱하게 볼 때부터 알아봤어. 자네, 긴 말을 하지 않겠어. 회개해. 그리고 예수를 믿으라고.

김용민   그러나 정말 버려야 할 것이 있어. 아전인수식 해석이야. 경향신문 여적 칼럼란에 소개된 것인데, 한 목사가 다윗 이야기를 이렇게 설교했대. "1967년 이스라엘군은 기습 공격으로 아랍 공군을 무력화시켰습니다. 나흘 만에 시나이반도와 가자지구·요르단강 서안을 점령했고, 골란고원까지 손에 넣었습니다…." 엿새 만에 끝나 6일전쟁으로도 불리는 3차 중동전쟁 얘기인데, 다윗의 이야기가 이스라엘 침략 전쟁으로 이어지는 거야.

약자 중의 약자였던 다윗과, 중동의 깡패 이스라엘. 동률선상에서 보는 게 합당할까. 심심하면 하는 가자 침공. 보자, 여기서 이스라엘은 더는 소년 다윗이 아니야. 이스라엘이 쏜 포탄에 맞아 희생된 이들 상당수가 어린 학생 등 민간인이고. 이스라엘은 게다가 핵 보유국이기도 해. 북한은 안 되지만 이스라엘은 된다는 미국의 처사가 참 궁금하긴 하지. 핵은 북한도 안 되고, 이스라엘도 안 되며, 아울러 미국도 안 돼. 만 개 넘는 핵, 미국 스스로 없애야 북핵 하지 말라는 이야기에도 정당성이 실리지. 분명한 것은 이제 다윗과 골리앗을 정확히 구분할 필요가 있다는 점이야. 다윗과 골리앗의 위치가 맞바뀌어야 한다는 말이고. 이스라엘이 현대의 골리앗이라면 팔레스타인은 다윗의 처지라 하겠어. 실제로 팔레스타인 시위 소년들은 이스라엘 탱크에 돌팔매로 맞선다고 하잖아. 유태인이 전 세계를 호령하는 갑부이자 메인스트림이 된 이상, 저들은 더는 소년다윗일 수 없어. 신화인 소년다윗 이야기에다가 부당하고 부적절한 이스라엘 불패 신화를 엮는 목사들, 성찰이 필요해. 무리한 신화화, 웃음거리가 될 수 있다고. (이스라엘의 팔레스타인 공격에는 그런데, 주기가 있어. 우익의 정서에 호소하는 집권세력 선거를 앞두고서 이러는 거라고. 일본도 선거를 앞두면 과거사 부정, 영토 도발을 심심찮게 하잖아.)

육봉기 미국을 욕하다니, 우리에게 복음과 구호물품을 보내준 고마운… 결국 자네도 반미종북의 포로라고 봐야 옳겠어.

김용민 육봉기 목사, 신화화의 유혹을 버러아 해. 교회 강단에시 십일조 기부 열심히 해 복 받은 믿음의 사람 카네기와 록펠러를 예로 들을게. 자본가 입장을 대변하는 신문인 〈한국경제〉가 소개한 내용이야.

"젊은 시절 이들은 갖은 수단을 동원해 경쟁회사를 무너뜨리거나 합병하고 시장을 독점해 '부도덕한 독점재벌의 표본'이라는 비난을 사기도 했다. 카네기는 철강왕이 된 후에도 근로자들의 노동 강도를 높이고 봉급을 삭감하면서 '미국 산업역사에 있어 가장 잔인한 수완가'로 묘사됐다. 노동자들의 공장 점거파업을 강제 해산시키다 10여명이 사망하고 60명이 부상한 1892년 '홈스테드 학살사건'이 대표적이다.

록펠러 역시 살인적인 노동력 착취와 저임금으로 악명이 높았다. 전미 광산노조가 주도한 쟁의에 민병대를 투입해 40여명을 숨지게 한 1913년 '러드로의 학살'은 지금도 록펠러 집안의 오점으로 남아 있다.

하지만 이들은 인생 후반부에 와서 완벽한 환골탈태를 하게 된다. 카네기는 1901년 카네기철강회사를 JP모건에 넘기고 본격적으로 교육과 문화 사업을 시작한다. 1902년 당시로선 천문학적 액수인 2,500만 달러를 기부해 공공도서관 건립을 지원하는 워싱턴 카네기협회를 설립했다. 그 밖에도 카네기회관, 카네기공과대학, 카네기교육진흥재단 등 교육·문화 분야에 3억 달러 이상을 기증했다. 그가 미국 전역에 지은 도서관만 2500개에 달한다.

세계 최대 갑부였던 록펠러는 55세에 알로페시아라는 불치병에 걸리면서 인생의 전환기를 맞는다. 음식을 전혀 소화하지 못했으며 눈썹과 머리카락이 빠져갔고 1년 이상 살지 못한다는 사형선고까지 받았다. 최후 검진을 위해 휠체어를 타고 갈 때 병원 로비에 걸린 액자의 글이 눈에 들어왔다고 한다. '주는 자가 받는 자보다 복이 있다.'

그때부터 나누는 삶을 실천했고 기적적으로 병도 사라졌다. 실제로 록펠러가 사망한 것은 시한부 생명을 선고받은 후 무려 40여년이 지난 뒤였다. 그는 1911년 스탠더드오일트러스트가 반(反)트러스트법 위반으로 미국 정부로부터 해산명령을 받으면서 자선사업을 본격화한다. 앞서 1890~1892년 시카고대 설립을 위해 6000만 달러가량을 내놨던 그는 은퇴 후 사회사업에 총 3억5,000만 달러를 기부했다. 1913년에는 인류 복지 증진을 목적으로 록펠러재단을 세웠다. 기아근절, 인구 문제 해결, 대학발전, 미국의 기회 균등과 문화발전, 아시아와 아프리카 개발도상국 원조를 비롯한 다양한 활동을 해왔다. 이 재단은 지금까지 20억 달러에 이르는 금액을 전 세계에 기부했다.”

어때. 무심결에 ‘하나님의 사람’이라고 단언했다가는 뒷감당 못한다고. 인구 절반 이상은 설교 때 목사가 구라를 섞는지 검증할 수 있는 스마트폰 소지자라고. 미국의 은혜로 오늘 우리가 이만큼 먹고살고 있다는 ‘오버’도 신화화의 일종이야. 특정 인물과 사건에 대한 은혜로운 서사로 교인에게 감동을 주고 싶은 유혹이야 어느 목회자에게나 있겠지. 그렇다고 드라마적 요소를 과도하게 가미한다면 사실 왜곡이 된다고. 이렇게 하든 저렇게 하든 다 하나님의 영광을 드러내는 것이라면 된다는 논리는 억지에 다름 아니야. 아니다, 설교가 아카데믹한 논문은 아니지만 그렇다고 사실 왜곡의 장이 돼서도 곤란해. 특히 해석의 여지가 많은 역사적 사건에 대해서는 아주 냉정한 관찰자 시점을 견지해야 한다고. 안 그래?

육봉기 말이 길어졌군. 이쯤 하자고. 이슬이 풀에게는 약이지만 뱀에게는 독이듯, 어디서 주워들은 지식이 자네에게는 독이 됐어. 부디 회개하고 천국 가길 바라네.

김용민 이제 마무리할 시점인가 보군. 육봉기 목사, 돈으로 살 수 없는 것은 양심이고 정의라고. 하나님이라 읽고 바알(돈)이라 말하는 당신의 인생도 이제는 변화의 모멘텀을 찾아야 할 거야. 나도 같은 말로 결어를 대신하지. 부디 회개하고 천국 가길 바라네.

어둠이 빛을 이겨본 적이 없다

1 한처음, 천지가 창조되기 전부터 말씀이 계셨다. 말씀은 하느님과 함께 계셨고 하느님과 똑같은 분이셨다.
2 말씀은 한처음 천지가 창조되기 전부터 하느님과 함께 계셨다.
3 모든 것은 말씀을 통하여 생겨났고 이 말씀 없이 생겨난 것은 하나도 없다. 생겨난 모든 것이
4 그에게서 생명을 얻었으며 그 생명은 사람들의 빛이었다.
5 그 빛이 어둠 속에서 비치고 있다. 그러나 어둠이 빛을 이겨본 적이 없다.

_요한복음 1:1~5

요한복음은 서기 100년경에 쓰인 것으로 보인다. 4복음서 가운데 가장 늦게 나온 것이다. 마태, 마가, 누가복음을 일컬어 한 관

점에서 쓰였다고 해서 공관복음이라는데, 요한복음과 공관복음의 내용이 겹치는 부분은 10% 이내라는 말이 있을 정도로 차이가 많다. 공관복음이 역사 속에 실존했던 청년 예수의 삶과 죽음 부활을 다룬 것이라면, 요한복음은 신으로서의 예수의 삶을 서사한 것이라 하겠다. 그래서 예수의 진술이 구체적이며 길다. 아울러 하나님 나라가 다가왔다는 종말론적 언급보다는, 계시자, 구원자 즉 하나님으로서의 예수를 부각하는 데 진력하고 있다. 확실히 공관복음이 저술될 때와는 분위기가 다른 시기에 쓰였음이 표가 난다. 고난을 불가피한 죽음이 아닌 왕이 되는 영광의 길로 묘사하는 것 역시 그러하다.

요한복음은 시작부터 아우라가 다르다. "한처음, 천지가 창조되기 전부터 말씀이 계셨다." 창세기의 구절인 "한처음에 하느님께서 하늘과 땅을 지어내셨다"보다 더 광대한 스케일이다. 행위에 앞서 실존을 이야기하는 것 아닌가. 한처럼, 즉 맨처음에 말씀이 계셨다고 했는데, 계속 이어진 부분을 보면, "말씀은 하느님과 함께 계셨고 하느님과 똑같은 분이셨다"라고 했다. 그러더니 "모든 것은 말씀을 통하여 생겨났고 이 말씀 없이 생겨난 것은 하나도 없다. 생겨난 모든 것이 그에게서 생명을 얻었으며 그 생명은 사람들의 빛이었다"라고 했다. 모든 시간, 모든 운동에 앞서 말씀이 있었다는 것이다. 그리스어 성경에는 이것이 로고스로 표시된다. 로고스도 사전의 의미 그대로는 말이라는 뜻이지만, 있는 그대로의 진실, 논리적 정합성에 전혀 그릇되지 않는 이성 또는 도리 그 자체의 말이다. 그래서 중국어 성경에는 '말' 대신 '길(道)'로 표시한다. "太初有道" 이렇게 말이다.

말과 길. 너무 추상적이고 그런 이유로 무력해 보인다. 괴테가 쓴 『파우스트』에서도 이런 고민이 흐른다. 파우스트는 그래서 독일어로 성서를 번역하겠다고 했을 때 "한처음, 천지가 창조되기 전부터 말씀이 계셨다"라고 했을 때 '말씀'대신 다른 단어를 넣으려고 했다. '뜻'은 어떨까. 또는 '힘'은 어떨까 했다. 하지만 박박 지웠다. 그리고 고민한 끝에 이렇게 적었다. "태초에 행동이 있었다."

요한복음은 예수의 신성성을 보다 강화했다. 역사적 예수를 망각하고 교리의 예수로 덧칠하는 데 요한복음이 그릇되게 이용되는 측면이 있다. 세상과 담 쌓고 예수만 믿어라, 순전하고 온유한 양이 되라는 식이다. 그런데 『급진적 자유주의자들』의 저자 김진호 목사는 이 책에서 요한복음이 매우 불온하고 사회 전복적인 의미가 있음을 역설하고 있다. 김 목사는 한겨레 인터뷰에서 "요한복음은 태생부터 불온한 책이었습니다. 이 텍스트를 낳고 유통시킨 신앙공동체가 1세기 말의 예수파 무리들 가운데 가장 기이한 소수집단, 요즘 말을 빌려 얘기하자면 '급진적 자유주의자들'의 동아리였기 때문입니다"라고 말했다.

1장 14절을 살펴보자. "말씀이 사람이 되셔서 우리와 함께 계셨는데 우리는 그분의 영광을 보았다." 이 구절, 유명하다. 개역성경에서는 '사람'이 아니라 '육신'으로 표현하고 있다. 김진호 목사는 여기서 '육'(肉)이란 그리스어 '싸륵스'의 번역어인데, 거룩해질 가능성이 남아 있는 육신을 의미하는 아니라, 너무 더러워서 정화될 가능성이 전혀 없는 적나라한 몸뚱이를 가리킨다고 말한다. '육봉기', '육재준'의 육이다. 우리가 알고 있는 육신, 말씀 즉 하나님으로부터 바뀔 그 육신은 거룩하고 정결해야 마땅하다. 그런데 말씀이 더러운 몸체로 바뀐다는 것이다. 민중신학자 안병무 박사 역시 '가장 거룩한 것이 가장 천한 것이 되었다'는 뜻으로 보고 있다고 전한다.

그렇다면 요한복음은 누가 쓴 것일까. 김진호 목사는 '아웃사이더'라고 말한다. 1세기 말 지금의 터키 서부에 위치한 어느 유대교 회당에서 폭력적으로 추방당한, 상처 입은 소수파 예수공동체의 진술이라고 한다. 1세기 후반 반로마 항쟁이 처절하게 진압된 뒤 예루살렘 성전은 불타 없어지고, 유대인의 신앙도 심각한 위기에 직면한다. 유대인들은 위협받는 집단 정체성을 보존하기 위해 율법 체계를 정비하고 '증오의 정치'에 기반한 공격적인 유대교 재건 프로젝트를 가동하는데, 이때 '내부의 적'으로 지목돼 억압받고 추방된 자들이 있었다. 조직 재건에 아무런 도움을 주지 않는 그들은 유대교의 소수파로 남아 있던 예수 추종자들이라고 한다.

추방당한 집단에서 또 추방을 당했으니 마이너리티 중에 마이너리티다. 그들은 유대교의 율법과 교리가 진리를 독점하고 나아가 독점한 진리를 빙자해 권력화할 수 있다고 봤다. 그래서 그들은 예수만을 바라보고 예수는 특권화된 세력을 찾아온 것이 아니라 우리 같은 한이 없이 때문은 육체를 찾아온 것이라고 봤다. 그래서 사도들의 역할을 철저히 주변화하고, 예수를 구원자로 진술한다는 것이다.

예수의 신성을 강조한 것은 예수를 무작정 신격화하기 위함인가. 아니다. 상반된 위치에 있던 인물, 즉 예수의 신성을 부정했던 인물이 있으니 바로 아리우스다. 이 아리우스와 맞섰고 삼위일체를 주창한 아타나시우스의 말에 주목하자. "예수가 인간이 된 것은 우리로 하여금 신이 되기 위함이다. 예수가 육신의 몸을 입으셨다는 말은 우리 또한 보이지 않는 아버지의 몸을 입기 위함이다." 다시 함께 4절과 5절을 보자. "그에게서 생명을 얻었으며 그 생명은 사람들의 빛이었다. 그 빛이 어둠 속에서 비치고 있다. 그러나 어둠이 빛을 이겨본 적이 없다."

롤랑 조페 감독의 〈미션〉이라는 영화에서도 우리는 이 말씀을 만난다. TV프로그램 안내란에 소개된 이 영화 줄거리는 대략 이렇다. '때와 장소는 유럽 제국들의 정치적 계산에 따라 갈기리 찢기고 약탈당했던 남미. 주인공인 멘도사는 원주민들을 노예로 잡아 파는 노예상이다. 그런데 동생이 자신의 연인과 사랑에 빠진다. 어떻게 형수님이 될 사람을. 이성을 잃은 멘도사는 동생을 죽인다. 멘도사는 그 죄책감으로 선교원에 틀어박혀 지낸다. 그런데 멘도사에게 고지대 원주민을 위한 교회를 세우는 일을 도우며 참회하라고 권한 인물이 있었다. 바로 가브리엘 신부다. 자신들을 팔아넘기던 악한이었던 멘도사를 원주민들은 어떻게 받아들였을까. 따뜻하게 받아준다. 멘도사는 그렇게 예수회 수도사로 거듭난다.'

그런데 정치적 이유로 이 지역이 노예사냥이 가능한 포르투갈령으로 바뀐다. 포르투갈령으로 바뀐 것은 예수회의 선교활동을 인정하지 않는다는 것을 의미한다. 결국 가브리엘은 평화의 십자가로, 멘도사는 총과 칼로 원주민 편에서 포르투갈 군대에 맞서다 순교한다. 영화에서 이들이 순교한 후, 교황청에서 파견되어 가브리엘 멘도사와 대척점에 섰던 주교는 이런 보고서를 쓴다. "표면적으로는 신부 몇 명과 과라니족의 멸종으로 끝났습니다만, 죽은 것은 저 자신이고 저들은 영원히 살아남을 것입니다." 살아남은 과라니족 아이들이 줄이 끊어진 바이올린을 들고 더 깊은 정글로 숨어들며 영화는 요한복음 1장 5절 구절을 자막으로 인용하며 맺는다. "어둠이 빛을 이겨본 적이 없다"로.

2008년 초여름이었다. 촛불집회가 온 사회를 뒤덮었으나 이명박이라는 독재자가 들어서 시위 군중을 물대포와 곤봉으로 때려잡으며 아울러 '거짓 광우병 정보'에 현혹된 무지렁이라는 오명을 덧씌웠다. 그렇게 집회와 결사의 자유를 차단하던 때였다. 이때 천주교 정의구현사제단이 시국 미사를 열었다. 이명박은 종교행사마저 차단할 수 없었다. 그때 사제들은 이 말씀으로 상처난 촛불들을 위로했다. "어둠이 빛을 이겨본 적이 없다." 이 구절을 들고 거리 행진을 했다.

지금은 어둠이 계속 이기는 형국 같다. 어둠은 더욱 깊어지는 듯하다. 2008년엔 그래도 독재자가 사과하려고 흉내라도 냈다. 그러나 따지고 보니 그 사과는 국민에 대한 사과가 아니었다. 독재를 보다 가혹하게 하지 않은 자신에 대한 사과였다. 그 뒤로 YTN, KBS, MBC는 차례로 침탈당했고, 종편이 생기고, 지속적인 민간인 사찰이 이뤄지고, 노동자 탄압, 나아가 씨 말리기가 이어졌고, 부정선거기 획책되고, 거액의 국가예산은 어디로 갔는지 실종됐다. 이런 부당 불의한 권력에 기대 부패한 교회와 지도자는 기득권을 연장하고 있다. 총체적인 악의 연전연승인 듯 보였다. 어둠도 이런 어둠이 없다. 깊은 어둠이다.

'어둠' 하면 '어두울수록 새벽은 가까이 왔다'라는 말, '닭 모가지를 비틀어도 새벽은 온다'는 말을 우리는 자주 한다. 새벽은 태양이 아직 지평선 위로 떠오르지 않았지만 어둠이 물러날 채비를 하는 경계의 시간이라고들 한다. 향수 전문가들은 가장 향기로운 장미향은 새벽 2시에서 3시 사이, 그러니까 어둠이 가장 짙을 때 따는 장미에서 나오는 향이라고 한다. 멘붕에서 헤어나오시라. 이제는 끝이 보일 시점이다.

아무리 현실에 대해 냉소하고 나아가 혐오하더라도 방관해서는 안 된다. 일례로 이 책이 나올 시점에 불거진 새누리당-국정원-경찰의 부정선거는 도저히 용서할 수 없는 일이다. 또한 묵과해서도 안 된다. 이걸 방기하는 순간, 그들은 다음 부정선거도 획책할 것이다. 민주주의를 그르친 세력의 연전연승이 확실할 테니. 지금 일어서지 않는다면 동력은 감쇠할 것이고, 세상을 바꾸는 추동력도 따라서 상실될 것이다. 그러면 그 세력은 드디어 발톱을 드러낼 것이다. '선거를 없애자. 돈 많이 들고 사회분열만 가중시키니 없애자.' 소설 같은 이야기인가. 아니다. 2012년 부정선거로 당선된 자의 아비가 했던 일이기도 했고, 그 아비에 대한 제사가 곧 정치라고 생각하는 자의 어색하지 않은 선택일 수 있다.

2008년 굴욕적인 한미 쇠고기협상에 분개했던 한국 국민들이 2013년 부정선거에는 눈을 감는다? 도무지 이해할 수 없는 행동이다. 지난 5년 우리는 정부에 대항하면 밥줄 끊긴다, 나서는 놈이 바보다, 이렇게 길들여져 왔던 것일까. 조선놈은 패야 말을 듣는다는 출처가 불분명한 말을 우리 스스로 그렇게 입증하는 꼴일까. 뉴욕타임스는 작년 총선이 끝나고 이 나라를 '어설픈 민주주의 국가'라고 비평했다. 우리는 이렇게 무릎을 꿇은 것일까. 외면할 일이 따로 있다. 역사에 응답해야 할 때가 왔다. 어둠이 이긴 나라인가, 곧 빛이 진 나라인가. 우리는 성서에 응답해야 할 때가 왔다.

게슈타포가 관할하는 악명 높은 프린츠 알브레히트 지하감옥에서 본 회퍼 목사는 마지막으로 시를 한 편 썼다. 이 시를 쓸 무렵의 본 회퍼는 감옥을 나갈 희망이 사라진 상태다. 그러나 영원히 승승장구할 것 같았던 히틀러는 본 회퍼가 사형당한 4월 9일로부터 스무 날도 안 지난 4월 30일, 온 가족과 함께 자살함으로써 패망한다. 어둠이 짙고 짙었을 때 본 회퍼가 쓴 시다. 제목은 「확신」이다.

신실하신 주님 팔에 고요히 둘러싸인 보호와 위로 놀라워라.
오늘도 나는 억새처럼 더불어 살며 활짝 열린 가슴으로 새
로운 해 맞으렵니다.

지나간 날들 우리 마음 괴롭히며 악한 날들 무거운 짐 되어
누를지라도 주여, 간절하게 구하는 영혼에 이미 예비하신 구
원을 주소서.

쓰디쓴 무거운 고난의 잔, 넘치도록 채워서 주실지라도
당신의 선하신 사랑의 손에서 떨림 없이 감사하며 그 잔 받
으렵니다.

그러나 이 세상의 기쁨 눈부신 햇살 바라보는 기쁨이 다시
한 번 주어진다면 지나간 날들 기억하며 나의 삶 당신께 온
전히 드리렵니다.

어둠 속으로 가져가신 당신의 촛불, 밝고 따뜻하게 타오르
게 하시며 생명의 빛 칠흙 같은 밤에도 빛을 발하니 우리로
다시 하나 되게 하소서

우리 가운데 깊은 고요가 임하며 보이지 않는 주님 나라 확
장되어 갈 때 모든 주님의 자녀, 목소리 높여 찬양하는 그
우렁찬 소리 듣게 하소서

주님의 강한 팔에 안겨 있는 놀라운 평화여! 낮이나 밤이나
우리와 함께하시는 하나님은 다가올 모든 날에도 변함없으
시니 무슨 일 닥쳐올지라도 확신 있게 맞으렵니다.

미친 운전사에게 운전대를 맡길 수 없다며, 역사의 정의를 앞세
워 히틀러를 저격하려던 본 회퍼. 그는 이처럼 양처럼 순한 하
나님의 사명자였다. 그렇기에 역사의 제단 앞에 자신을 바칠 수
있다. 앞으로 바른 소리 한다고, 또 행동한다고 그것을 죄로 몰
아 밥줄마저 끊는 기득권자의 극악한 횡포가 기승을 부린다 해
도 본 회퍼처럼 목숨을 잃는 일만큼이야 되겠는가.

기독교인이든 아니든 역사의 정의를 믿는 이들은 새겨야 한다.
우리는 세상의 빛이다. 빛이어야 한다. 어둠을 몰아내는 세상의
빛이어야 한다. 예수는 요한복음 8장에서 "나는 세상의 빛이다.
나를 따라오는 사람은 어둠 속을 걷지 않고 생명의 빛을 얻을

것이다"라고 했다. 어둠을 누르고 빛을 드높이는 삶을 살아야
한다.

이런 성서에 비추어 이 기막힌 시대에 미디어계 종사자로서 내
가 해야 할 빛의 사명은 무엇인가. 고민했다. 그래서 택한 것이
협동조합을 통한 대안언론의 건설이다. 현재 몸담고 추진하고
있으며, 이 책의 원작이라 할 수 있는 라디오 최초 막장드라마
〈나비효과〉를 방송한 미디어협동조합 국민TV다. 국민TV 소식
지(준비 1호)에 실은 소회다.

"녹음기로 라디오 방송에 쓰일 인서트용 컷 담으러 발품 팔던
취재 리포터. 저의 방송 입문 당시 첫 미션이었습니다. 그로부터
딱 20년이 지났습니다. 개인적 보람은 방송의 길에서 단 하루도
이탈하지 않았다는 점입니다. 그러면서도 TV와 라디오, 인터넷
은 물론, PD, 기자, 아나운서, MC, 고정패널 등 매체와 직군의
경계를 넘나들며 여러 일을 했습니다.

반추해보니 재단법인과 주식회사 체제 모두 경험했습니다. 지
상파 라디오 극동방송과 PP사인 CTS 기독교TV가 각각 그렇습

니다. 그런데 하나같은 소회는 '양자 사이에 무슨 차이가 있지?' 이것이었습니다. 이는 조직문화, 즉 리더십에 관한 부분입니다. 두 회사 모두 실소유주의 지도력이 모든 가치의 우선이었습니다. 방송이라면 마땅히 추구해야 할 덕목, 즉 공정성, 자율성, 전문성의 가치마저 후순위로 밀린 것입니다.

방송의 중요 가치는 회사의 경영구조와 매우 밀접한 관계가 있습니다. 극동방송 경우 김장환 회장이 제주극동방송 전신 아세아방송 사장까지 포함해 올해로 40년째 사주로 있습니다. 인사, 경영은 물론, 개별 PD의 재량인 선곡에까지 간섭하고 있습니다. CTS 기독교TV의 경우 감경철 회장의 사유화 논란이 그치지 않고 있습니다. 사옥 건축과 관련해 횡령을 한 혐의가 유죄로 최종 확정된 바 있고, 이 과정에서 옥살이도 했습니다. 그럼에도 여태껏 그 자리를 유지합니다. 문제는 이들의 리더십을 견제할 장치가 거의 없다는 점입니다.

언론자유의 관건은 사주 리더십을 공공적으로 제어할 수 있는 장치가 있느냐 여부입니다. 신뢰도 높은 언론을 보면, 노동조합과 노조 산하의 공정보도기구가 활성화돼 있습니다. 그렇지 않은 경우, 고매한 철학과 품성이 응축된 리더 개인의 언론자유

의지에만 의존해야 합니다. 과거까지 범위를 넓혀 살펴보지만 그런 실존 사례는 없습니다.

그러나 이명박 정부 들어 공영방송 중심의 언론사 노조도 바람 앞에 선 촛불이었습니다. 기자, PD, 아나운서, 기술직이 현업현장을 떠나 풍찬노숙을 피하지 않고 싸우고 또 싸웠지만 방송을 틀어쥐고 놓지 않으려는 기득권 세력의 표독함을 누르지는 못했습니다. 해직, 방송직 배제 등 그들의 고통은 정권이 바뀌어도 '현재진행형'입니다. 주인 없다는 공영방송도 이러한데, 민영방송은 오죽하겠습니까.

〈매일경제〉〈한국경제〉유력 경제지를 자처하는 두 경쟁 신문의 난타전을 보십시오. 옳고 그름을 떠나 보는 이들의 눈살을 찌푸리게 만듭니다. 이 와중에 한경이 '총리 낙마 사례'로 매경 장대환 회장을 소개하면서 그 사진을 지면에 싣자 매경이 발끈해 한경TV PD의 주가조작 사례를 상세히 보도했다는 보복전 '설'(說)이 프레시안을 통해 소개되기도 했습니다. 사실이라면 사주의 명예 앞에 언론의 품격이 후순위로 밀리는 현실이 입증되는 셈입니다. 이런 폐단, 실은 한국 언론의 고질적 문제기도

합니다.

오너의 리더십 앞에서 언론의 독립성 공정성을 지킬 방안은 없을까. 방송으로 밥 먹고 살던 지난 세월 저의 집약된 고민이었습니다. 그러다가 그 해법을 찾았습니다. 협동조합입니다. 협동조합은 조합원이 주권의식을 갖게 되는 1인 1주의 지분 구조입니다. 따라서 경영 결과에 대한 투명한 공유 및 심판이 가능합니다. 또한 보도 편성조직의 자율성과 독립성은 정관에서부터 보장됩니다. 또한 조합원이 콘텐츠 사용 비용을 지불함으로써 광고주에 대한 의존도도 낮출 수 있습니다. 과거와는 양상이 크게 다른, 독립언론의 이념을 구현할 외형적 토대가 형성될 것입니다.

협동조합 모델의 언론으로 새 TV가 안착하게 된다면, 이제 사주가 곧 정체성인 신문 방송은 도태될 것이며, 저절로 언론 바로서기의 이상은 실현될 것입니다. 몇몇 소수의 활동가 중심의 네거티브 캠페인에 의존했던 미디어 개혁, 이제는 국민의 손으로 실현할 수 있을지 시금석이 될 수 있을 것입니다. 이런 유의미한 실험, 여러분 눈앞에 다가오고 있습니다."

(이 일에 동참코자 하는 분들은 국민TV 조합원으로 동지가 돼달라. 혼자 힘으로 세상을 바꿀 수 없지만, 현대 선거전을 일컬어 공중전으로 비유하는데, 미디어 전쟁이 공중전의 핵심이다. 이 일로 나는 세상을 바꿀 수 있다고 믿는다. 동참하려는 분은 홈페이지 http://www.kukmin.tv 국민TV 조합원 가입하기에 가세해달라.)

글을 맺으며 파우스트식으로 요한복음 1장 1절부터 5절을 읽겠다.

1 한처음, 천지가 창조되기 전부터 행동이 계셨다. 행동은 하느님과 함께 계셨고 하느님과 똑같은 분이셨다.
2 행동은 한처음 천지가 창조되기 전부터 하느님과 함께 계셨다.
3 모든 것은 행동을 통하여 생겨났고 이 행동 없이 생겨난 것은 하나도 없다. 생겨난 모든 것이
4 그에게서 생명을 얻었으며 그 생명은 사람들의 빛이었다.
5 그 빛이 어둠 속에서 비치고 있다. 그러나 어둠이 빛을 이겨본 적이 없다.

우리 모두 살아 있는 행동이 되자.

한국 종교가 창피하다

ⓒ 김용민 2013

1판 1쇄 발행 2013년 7월 22일
1판 3쇄 발행 2013년 8월 21일

지은이 김용민
펴낸이 강병선
편집인 황상욱

기획 김용민 황상욱　**편집** 황상욱 조은호
디자인 정연화　**교정** 남연정　**마케팅** 이숙재
온라인 마케팅 김희숙 김상만 이원주 한수진
제작 서동관 김애진 김동욱 임현식　**제작처** 한영문화사

펴낸곳 (주)문학동네
출판등록 1993년 10월 22일 제406-2003-000045호
임프린트 휴먼큐브

주소 413-120 경기도 파주시 회동길 210 1층
문의전화 031-955-1902(편집) 031-955-3578(마케팅) 031-955-8855(팩스)
전자우편 forviya@munhak.com　**트위터** humancube44　**페이스북** fb.com/humancube44

ISBN 978-89-546-2192-2 03230

■ 휴먼큐브는 문학동네 출판그룹의 임프린트입니다. 이 책의 판권은 지은이와 휴먼큐브에 있습니다.
■ 이 책 내용의 전부 또는 일부를 재사용하려면 반드시 양측의 서면동의를 받아야 합니다.

■「이 도서의 국립중앙도서관 출판시도서목록(CIP)은 서지정보유통지원시스템 홈페이지(http://seoji.nl.go.
kr)와 국가자료공동목록시스템(http://www.nl.go.kr/kolisnet)에서 이용하실 수 있습니다.(CIP제어번호:
CIP2013009932)」

www.munhak.com